Florence Scovel Shinn

Florence Scovel Shinn

想像力是完美人生的剪刀

The Secret Door to Success

佛羅倫斯・斯科維爾・希恩 / 著
Florence Scovel Shinn
姚念祖 / 譯

希恩05

想像力是完美人生的剪刀（全新修訂版）

原著書名 The Secret Door to Success
作　　者 佛羅倫斯．斯科維爾．希恩（Florence Scovel Shinn）
譯　　者 姚念祖
美術設計 Wener
美術編輯 劉桂宜
封面設計 林淑慧
主　　編 高煜婷
總 編 輯 林許文二

出　　版 柿子文化事業有限公司
地　　址 11677 臺北市羅斯福路五段 158 號 2 樓
業務專線 （02）89314903#15
讀者專線 （02）89314903#9
傳　　真 （02）29319207
郵撥帳號 19822651 柿子文化事業有限公司
投稿信箱 editor@persimmonbooks.com.tw
服務信箱 service@persimmonbooks.com.tw

初版一刷 2010 年 05 月
二版一刷 2016 年 03 月
三版一刷 2020 年 08 月
定　　價 新臺幣 320 元
I S B N 978-986-98938-3-1

業務行政 鄭淑娟、陳顯中

歡迎走進柿子文化網 http://www.persimmonbooks.com.tw
粉絲團搜尋 60 秒看新世界

～柿子在秋天火紅 文化在書中成熟～

國家圖書館出版品預行編目（CIP）資料

想像力是完美人生的剪刀（全新修訂版）／佛羅倫斯．斯科維爾．希恩（Florence Scovel Shinn）作；姚念祖譯
-- 三版 -- 臺北：柿子文化，2020.08
面；　公分 --（希恩；5）
譯自：The secret door to success

ISBN 978-986-98938-3-1（平裝）

1. 成功法

177.2　　109005654

好評推薦
Recommendation

王中和 生命之眼身心靈中心執行長

這是一本非常讓人驚訝的書，希恩講的真理不只是為了成功，還可以看透宇宙、了知生命。每天讀一篇，當作一日之反省或浮生一日之註解，真是開卷有益！

林許文二 柿子文化總編輯

希恩所覺發的力量，比《祕密》更深層而令人讚嘆！

林一凡 潛能密碼心靈科學中心負責人

你若要給你的孩子一輩子的禮物，這本書就是了。只要他可以讀得懂《怪盜亞森羅蘋》，那他就能從《想像力是完美人生的剪刀》學會真正的吸引力法則。

好評推薦
Recommendation

周介偉 光中心創辦人

這是一本聖經與民間故事版的「祕密」百年經典，書中開朗正向的思想與一分鐘的實用成功生活祕方，將為您開啟美好的生命視野！

郎祖筠 全方位藝術表演工作者

希恩女士靈活地將聖經故事轉化為通俗易懂、雋永活潑的實例；還有每個拍案精準的分章篇名，每個章節結尾細心整理的成功祕訣。哇！一輩子活在成功裏的鑰匙已交到您手上了！

黑幼龍 卡內基訓練創辦人

「成功的人常在困難中找機會，失敗的人常在機會中找困難。」我們都希望自己能成功，那麼就該凡事積極，凡事相信一定有希望，甚至看到機會！

目次
Contents

好評推薦 3

最受歡迎的成功導師 7

1 芝麻開門——用對方法，成功沒有祕密 11

2 草與磚頭——完成不可能的任務 27

3 少女與燈油——做好準備迎接好事降臨 43

4 帶來另一半的扶手椅——期盼美夢成真 59

5 不擔心磁鐵——不抵抗的成功祕訣 73

6 福特汽車——內在直覺的神奇力量 89

7 埃及王子——前進！前進！再前進！ 105

8 桃樂絲的快樂天堂——思想力比知識更重要 119

9 廢物利用的窮婦人——有錢人想的就是不一樣 133

10 自殺前的巨額遺產——你一定會很富有 147

11 鐵狗——懷著驚奇之心觀看 163

12 想要翅膀的魚——抓住你的好事 179

13 沙漠中的江河——奇蹟一直都在 193

14 白雪公主與七矮人——打破負面思考的牢籠 207

成功一輩子的肯定句 217

最受歡迎的成功導師

佛羅倫斯・斯科維爾・希恩女士是二十世紀初期，紐約的一位藝術家暨形上學老師。她的著作非常不可思議——內容相對來說不長，但是都發人深省。她在書中表明，我們可以享受健康、財富和幸福等各方面都圓滿的贏家生活，並且分享許多個案的真實生命故事，來闡述正向積極的態度和堅定的信心，以及如何百戰百勝，成功讓一個人成為生命的「贏家」——也就是能夠透過對心靈法則的認識，來掌控各種生活狀況，並達到各方面的富足。

希恩女士是上個世紀最受歡迎的成功學導師之一，並且很顯然的，在她的全盛時期，她自己就是其學說的成功案例之一——她的演講場場爆滿，她的著作不僅在美國大受歡迎，還廣為流傳到全世界。

在希恩以成功學導師聞名之前，她其實還是一位插畫家，為暢銷的兒童文學雜誌和書籍作畫。

一位當代評論家對她的描述是：「跟當今其他插畫家相比，希恩女士更勝一籌的地方在於，她幾乎不需要賣弄技巧。她總是直接放下理論知

識，坦率地展現自己的缺點。正是因為作品中的這份誠意，才讓她的地位如此獨一無二。」

西元一九二五年，希恩女士完成了第一本著作《健康、財富、愛與完美自我表現的人生祕密》，但卻沒有出版社願意出版，因此她只好自掏腰包出版。一九二八年，《召喚奇蹟的圓夢說話術》出版。一九四〇年，《想像力是完美人生的剪刀》付梓，出版後不久，她就於一九四〇年十月十七日辭世。之後，希恩女士的筆記精華——《話語！啟動宇宙最驚人的共振能量》，由她的一位學生收集編纂，於一九四五年出版。

希恩女士總能夠用一種非常生動有趣

且易讀的風格，來闡釋她的成功法則，以及這些法則如何運作。

雖然希恩女士的「生命遊戲」已於一九四〇年邁入了另一個更高更廣的領域，但她的藝術作品和激勵人心的著作，早已經在地球這塊生命畫布上，留下了難以磨滅的印記與影響，它們將繼續為全世界世世代代的男男女女們，開拓更寬廣更遠大的生命視野。

註：本書的書名頁，以及第三、四、七、八、九、十、二一八、二一九頁的插畫，皆為希恩女士所繪。

Chapter 1

—芝麻開門—

用對方法，成功沒有祕密

你一定會成功，前提是——你必須打從心底相信這件事。

於是百姓呼喊，祭司也吹角。百姓聽見角聲，便大聲呼喊，城牆就塌陷，百姓便上去進城，各人往前直上，將城奪取。

成功的人總是會被問道：「你成功的祕密是什麼？」反過來看，沒有人會問失敗的人：「你失敗的祕密是什麼？」因為失敗的理由顯而易見，絲毫不令人感興趣；大家想知道的都是如何打開通往成功的密門。

事實上，每個人都有機會成功，但我們與成功之間似乎總是隔著一道門或一堵牆。至於該如何讓那高牆倒下呢？在閱讀聖經的時候，我們會讀到一則有關耶利哥城圍牆倒塌的奇妙故事（當然，每一則聖經故事都有形而上學的詮釋），我們可以從中找到答案。

當摩西帶領以色列人出埃及後在曠野過世，神要約書亞帶領以色列人去征服應許給他們的迦南地，並要他按照祂的方法做。約書亞遵照著神的旨意，連續六天帶著軍隊繞耶利哥城圍牆走一圈；等到第七天，他們改繞城七圈，接著七位祭司吹起號角，部隊聽見了號角聲後開始高聲吶喊，於是耶利哥城就像神告訴約書亞的那樣，在喊吶聲中倒塌了，他們立刻奮勇直衝，佔領耶利哥城。

現在，我們要來談談你的耶利哥城牆——那道阻隔在你和成功之間的城牆。事實上，幾乎每個人都會**自己築起一道牆**來圍繞著自己的耶利哥城。在這座你無法進入的城市中，蘊藏了許多珍貴的寶藏——你精心策劃的成功、你內心的願望。

怨恨會將你的好事隔絕在外

你在自己的耶利哥城外築起了什麼樣的圍牆呢？這座圍牆通常是**怨恨**——怨恨某人、怨恨某種情況，它會將你的好事隔絕在外。

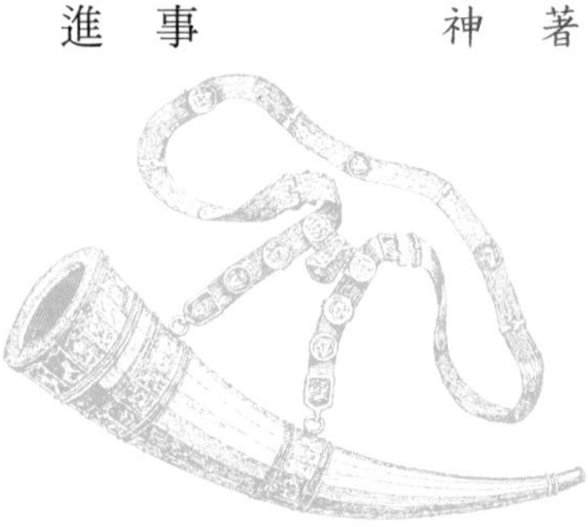

簡言之，如果你失敗了，並且怨恨他人的成功，你就會遠離自己的成功。

我曾經說過下面這句能夠平息嫉妒與憤怒的話：「上天為其他人做了什麼，現在祂也會為我做同樣的事，而且做得更多。」

有一個女人曾經因為朋友獲贈禮物而滿懷嫉妒。她在說了這句話之後，除了和她朋友擁有一模一樣的禮物之外，甚至還得到其他更多的禮物。

耶利哥的城牆是在以色列子民的呼喊之際倒下。同樣地，當您站在真理的一方說話時，就能夠動搖你的耶利哥城牆。

我曾經把這句話送給一名女士：「困乏和延遲的城牆現在就要倒下，我將在恩典之下進入應許之地。」

這位女士的腦海中因此浮現了跨越倒塌城牆的鮮明畫面，而好事幾乎是立即地應驗在她身上。

為你身邊的事物帶來改變的，是實現的言語（Word of realization），因為語言和思想都是一種放射性的能量。

對你在做的事抱持興趣

此外，對你的工作抱持**興趣**、**享受**你正在做的事，也能開啟通往成功的密門。

許多年前，我前往加州各地不同的機構演講，途經巴拿馬運河時，我在船上遇見一位名叫吉姆．杜立（Jim Tully）的人。他曾經流浪許多年，並自稱為遊民之王，但後來雄心勃勃的他還是接受了教育。

他也鮮明地想像過要如何把自己的經驗寫成故事，而且著手開始撰寫。他把浪跡天涯的生活描寫得戲劇化，並樂在其中，現在已成為十分成功的作家。我記得他有一本書叫做《局外人》（Outside Looking In），後來還被翻拍成電影。現在，他住在好萊塢，名聲響亮又有成就。

究竟是什麼開啟了杜立通往成功的密門呢？我想，應該是「將生活化為戲劇，對自己所做的事抱持興趣」，使他從流浪的生活當中獲得了最大的回報。

航程中我們都和船長同坐一桌，因此有機會閒聊。史東女士（Mrs. Grace Stone）也是這艘船上的乘客，她寫過《袁將軍的苦茶》（Bitter Tea of General Yen）一書，這本書也被好萊塢改編成電影。因為她曾經在中國居住，從而獲得這本書的靈感。

有人說過：「勇氣包括了天賦與魔力。當我們大膽面對困境時，困境就會自然消失了。」

這就是成功的祕訣：讓其他人也對你從事的事情感興趣。

■只要你自己覺得有趣，其他人也會覺得你很有趣。

微笑讓你更有力量

良好的秉性和**微笑**通常也能夠開啟成功的密門，所以中國人才會有這麼一句話：「和氣生財。」

在一部以騎士為主角的法國電影中就提到了微笑帶來的效果。這部電影叫做《面露笑容》（With a Smile）。片中有名角色陷入窮困，百無聊賴，幾乎完全被人遺棄。

他對一位騎士說：「我的誠實到底為我帶來什麼好處？」騎士回答他：「如果你不微笑，即使誠實也幫不了你。」這個人立即改變自己，心情振奮起來，而變得很有成就。

過度談論自己的事會分散力量

活在過去、抱怨自己的不幸都會在你的耶利哥城外築起厚厚的城牆。所以，過度地談論自己的事會分散自己的力量，使你面臨一堵高牆。

我認識一位有頭腦、有能力卻一敗塗地的人。他和母親及阿姨住在一起，

而我發現他每天回家吃晚餐時都會告訴她們辦公室裏所發生的一切大小事；他也會談起他的期望、他的恐懼和他的失敗。

我告訴他：「你和別人談論你的事，會把你的力量分散掉。不要和家人討論你的事業，**沉默是金！**」他聽從了我的建議。

吃晚餐時，他拒絕討論生意上的事，這讓他的母親和阿姨感到失望——她們愛聽各式各樣的消息。不過事實證明，他的沉默果然價值連城！過沒多久，他就獲得了週薪一百美元的職位，幾年後，他每週的薪資是三百美元。

成功的人只會專注，而不輕易放棄

成功不是一個祕密，而是一套方法。

許多人被阻隔在灰心喪志的城牆之外，因此，**勇氣**和**毅力**也是方法之一——我們可以在所有成功人士的生平中看到這一點。

我之所以會發現這件事，是因為一次有趣的經驗，那是我到電影院去和朋友碰面時發生的事。

在等待的時候，我站在一名販賣電影本事的年輕男孩附近。他向來來往往的行人呼喊著：「快來買喔，這裏面有完整的電影劇情，還有演員們的照片，加上簡短的生平介紹。」

然而，大部分的人都只是路過，沒有停下來購買。

令我十分訝異的是，他突然轉向我，對我說：「喏，一個有企圖心的人，不可能不遇到阻礙。」然後他開始發表有關成功的演說：「大多數人都在成功即將來臨的時候放棄，但成功的人絕對不會放棄。」

這當然引起了我的興趣，於是我對他說：「下一次我到這裏的時候，會帶一本書給你。這本書叫做《健康、財富、愛與完美自我表現的人生祕密》，書中很多想法會讓你深有同感。」

一、兩個星期之後，我帶著這本書回到那裏。售票窗口的女孩對他說：「讓我來看這本書吧，愛迪。你正在賣本事。」接過電影票的男人探出身子，想看看這是怎麼回事，畢竟《健康、財富、愛與完美自我表現的人生祕密》永遠都是引人入勝的題材。大約三個星期後，我又回到那間電影院，愛迪已經不在那裏了。他已投身於另一份自己喜愛的新工作，因為他的耶利哥城牆已經倒下，他拒絕再繼續氣餒喪志下去。

聖經中只有兩處提到成功（順利亨通，success）這個詞，而且兩次都在約書亞記中（英文欽定譯本只出現一次 success，現代英語譯本則是一次都沒有。因為當時作者查考的是 American Standard Version 聖經，才會得出此一結論）——

「只要剛強，大大壯膽，謹守遵行我僕人摩西所吩咐你的一切律法，不可偏離左右，使你無論往哪裏去，都可以順利。這律法書不可離開你的口，總要晝夜思想，好使你謹守遵行這書上所寫的一切話。如此，你的道路就可以亨通，凡事順利。」

■通往成功的道路既直且窄，那是一條**全心投入**、**別無旁鶩**的道路。

利用語言推倒障礙的高牆

「你會吸引你朝思暮想的事物。」

如果你花很多時間想著匱乏，你就會引來匱乏；如果你花很多時間想著不公義，你就會引來更多不公義的事。

神對約書亞說：「他們吹的角聲拖長，你們聽見角聲，眾百姓要大聲呼喊，城牆就必塌陷，各人都要往前直上。」這則故事的內在意義就是**言語的力量**，能夠化解障礙、除去壁壘的言語。當人群集體呼喊的時候，城牆就會塌陷。

我們在民間傳說和童話故事（它們都是源自於以事實為基礎的傳說）之中可以看見同樣的想法：言語可以開啟門扉，可以分開岩石。

在《天方夜譚》「阿里巴巴與四十大盜」的故事裏也可以看見這個概念（這個故事也被拍成電影了）。阿里巴巴有一個祕密的藏身處所，隱藏在岩石與群山之後，只有說出一句密語才能進入，這句密語就是「芝麻開門」。

阿里巴巴面對高山，大喊「芝麻開門」，就可以讓岩石分開，滑到一旁——這是十分鼓舞人心的一幕，因為它讓你知道，只要說出正確的字句，你自己的岩石與壁壘就會分開。

喚回你的成功潛能

現在讓我們這麼說——困乏和延遲的城牆現在就要倒下，我將在恩典下進入應許之地。

60秒開啟成功之門

1. 對工作保持興趣，享受你正在做的每一件事，讓其他人對你正在做的事也感興趣。
2. 保持微笑，讓自己的心情振奮起來。
3. 面對你的困難，困難就會自然消失。
4. 不要嫉妒、怨恨、詛咒別人的成功，這會讓你的好事短路。
5. 不要活在過去，也不要抱怨自己的不幸。
6. 請勿老是想著「我怎麼那麼窮」、「世界怎麼那麼不公平」。
7. 專注你的目標，勿輕易放棄。
8. 多念念能夠化解障礙、除去壁壘的肯定句。

Chapter 2

完成不可能的任務

——草與磚頭——

除了自己，沒有人能給你什麼，也沒有人能剝奪你什麼！

草是不給你們的，磚卻要如數交納。

以色列人在埃及為僕四百年之後，神告訴摩西說：「讓我的子民到曠野向我守節。」

摩西如實轉告法老，法老卻吩咐監工和以色列領班說：「不准再給以色列人民草，讓他們自己想辦法。然而，需完成的數量還是和從前所定的一樣！」聞言，領班便知道大禍臨頭了！

讓自己相信

如果以形而上學的方式來解讀出埃及記第五章，我們可以看見一幅日常生活的景象——

以色列的子民受到身為埃及統治者、也是個殘酷監工的法老王所奴役。他們始終做著奴隸的工作，製造磚塊，受人憎恨和輕賤。

摩西奉神的命令將祂的人民從奴役中拯救出來，所以摩西、亞倫去對法老說：「耶和華——以色列的神這樣說：『容我的百姓去，在曠野向我守節。』」

但法老不僅拒絕讓他們離開，還宣稱要讓他們的工作變得更加艱困：他們必須在沒有乾草供應的情況之下製造磚塊，於是督工和官長出來對百姓說：「法老這樣說：『我不給你們草，你們自己在哪裏能找草，就往那裏去找吧！但你們的工一點不可減少。』」沒有草是做不了磚的。以色列的子民被法老王徹底擊垮，因為做不出磚而遭到責打。

「現在你們去做工吧！草是不給你們的，磚卻要如數交納。」這是因為：只

要與屬靈的定律共事，他們不需要草就能夠製磚，也就是能夠完成看起來不可能的事——人生中經常遭遇這種情況。

敬畏因果循環的律法

安吉斯・M・勞森（Agnes M. Lawson）在其《給聖經學習者的提示》（Hints to Bible Students）中寫道：「外在壓迫下的埃及生活，象徵著被毀滅性思考、自傲、恐懼、憤恨、惡意等奴役的人。摩西帶領的拯救，就是讓人了解生命的律法，而得以擺脫這些控制者、獲得自由，因為若不先了解律法，我們就無法蒙受恩典。我們必須知道律法，才能實踐律法。」

詩篇第一百一十一篇的最後一句，是這麼寫的：「敬畏耶和華【Lord】（法則【law】）是智慧的開端；凡遵行他命令的是聰明人。耶和華是永遠當讚美的。」如果我們了解耶和華（法則），就能夠看出這句話的關鍵——敬畏（因果循環的）法則（而非敬畏耶和華）是智慧的開端——要是我們知道自己怎麼待人，就會得到怎樣的回報，那我們就會開始畏懼自己擲出的**迴力鏢**。

我曾經在醫學期刊上，看到下列有關這位偉大法老王得到的報應之描述：

「看來肉體的疾病的確歷史悠久、源遠流長，我們可以從莫伊尼漢男爵（Lord Monyahan）在里茲（Leeds）大學的授課內容中得知這一點。他說，壓迫者法老的心臟真的硬化了。莫伊尼漢男爵展示了一些令人驚歎的攝影幻燈片，告訴我們西元前一千年前的手術結果，其中有一張幻燈片，是壓迫者法老的實際解剖餘骸。

由於從心臟伸出的大血管保存狀態十分良好，因此我們可以將它做成切片，

以幻燈片的方式與現代病症的切片標本相互比較。古老的血管和現代的血管沒有什麼差異，兩者同樣受到粥狀動脈瘤的侵襲。這種病是起因於鈣鹽沉積在血管壁上，使血管硬化、缺乏彈性所造成的。

因為沒有足夠的空間容納來自心臟的血流量，使得血管被迫讓步，而這種症狀也造成了會隨著動脈系統硬化而產生的心智變化：目光狹窄、保守退縮、失去進取心，也就是說：他的心真正硬化了。」

所以，法老的內心剛硬，使自己的心臟硬化。

不要恐懼和懷疑，上天會在你走投無路時開創新路

這個道理不論是今日或是幾千年前都同樣適用——

我們都是從埃及出來，逃離了為奴之家，因為你的懷疑與恐懼會令你身陷奴役之中。

當你面對看似絕望的情境時，究竟該怎麼辦？這種情況就等同於沒有草而必須做出磚來一樣，但是，請記住這句話：「現在你們去做工吧！草是不給你們的，磚卻要如數交納。」也就是說，你可以在沒有草的情況下製作磚塊，因為神會在你走投無路時開創出道路！我聽說過一個故事——

有個女人需要錢繳房租，而且是馬上就需要這筆錢。她沒有任何籌錢的管道，即使用盡方法，仍一無所獲。但是，她是真理的學生，也不斷地念誦肯定語句。後來她的狗發出嘶鳴，想要到外面去，於是她為狗繫上牽繩，走到街上，向著習慣的方向前進。這時，她的狗卻拉扯著牽繩，想要往另一個方向走。她跟在後面，到了兩條街之間、一座開放式公園的正對面，她往下一看，撿起一疊鈔票，正好足夠支付她的房租。她找遍廣告，但是並沒有找到失主，而她撿到錢的地點附近也沒有住家。

用肯定句擺脫生命的限制

邏輯心智，也就是機巧，會將法老的王座帶進你的意識中，不斷告訴你：「你不會成功，這有什麼用！」所以，我們必須以**重要的肯定語句**蓋過這些惱人的意見！你可以念誦這句話：「出乎意料的好事會發生，我看似不可能的好事現在就要實現。」這有助於阻止所有來自異種生物大軍（邏輯心智）的爭辯。

■「出乎意料的好事會發生！」這是邏輯心智無法應付的想法。

■「你使我比仇敵有智慧。」與你為敵的想法——你的懷疑、恐懼和不安！

請想像一下擺脫法老的壓迫，而真正永遠得到自由的喜悅；你要在潛意識中建立起**安全**、**健康**、**快樂**與**富足**等概念，這代表你成為擺脫一切限制的生命！在耶穌所說的天國中，一切事物都會**自動降臨**在我們身上。我用「自動降臨」來描述，是因為所有的生命都是脈動。

當我們與成功、快樂和富足建立起脈動，象徵這些意識狀態的事物就會自行附加在我們身上。所以，只要感到富足和成功，你就會突然得到一大張支票或美麗的禮物。

我來說個故事，告訴你這個定律如何運作。

我參加過一次派對，派對中大家一起玩遊戲，贏的人就可以得到獎品——一把漂亮的扇子。而在出席者之中，有位非常有錢的女人叫做克萊拉，她什麼

東西都不缺。一些比較貧窮和憤怒的人，聚在一塊兒說悄悄話：「希望克萊拉不要拿到那把扇子。」結果當然是克萊拉拿到了扇子。因為她無憂無慮，與富足建立了脈動；而嫉妒與憎恨則會讓你的好事短路，讓你拿不到你的扇子。

當你偶爾感到憎恨和嫉妒時，請說這句話：「神為其他人做了什麼，現在祂也會為我做同樣的事，而且做得更多！」然後，扇子和一切事物都會向著你而去。

情況看似無法改變時，先改變你自己

除了你自己，沒有人能夠給你什麼，也沒有人能夠剝奪你什麼；「人生遊戲」是一場紙牌遊戲，你一旦改變，所有的狀況也都會跟著改變。

我們回頭來看壓迫者法老。沒有人喜歡壓迫者！

記得很多年前，我有個叫做蕾蒂的朋友，她的父親很有錢，供應她和她母親衣食無虞，但就是不肯買奢侈品。

當時我們一起上藝術學校，所有的學生都會購買「希臘勝利女神像」、「惠斯勒的母親」或其他複製品，將藝術帶進自己的家中，但是蕾蒂的父親卻稱之為「掠奪品」，他說：「不要把任何掠奪品拿回家裏。」所以蕾蒂過著無趣的生活，書桌上沒有「希臘勝利女神像」，牆上也沒有「惠斯勒的母親」。她父親經常跟她和她母親說：「我死的時候，妳們一定會很有錢。」

某天有人問蕾蒂：「妳什麼時候出國？」（念藝術的學生都會出國。）她愉快地說：「等我爸爸過世以後。」

由此可知，人總是期待擺脫匱乏和壓迫。

找出肆虐你的思想

現在，就讓我們擺脫負面思考的暴君掌控，因為我們一直都是懷疑、恐懼與不安的奴隸。讓我們自己得到拯救，就像摩西拯救以色列人離開埃及、離開為奴之家一樣。

請找出對你肆虐的思想，也就是找出大魔頭（King-Pin）——伐木營會在春季時，利用河流將大量木材送到下游，但是，偶爾木材會彼此交錯而阻塞，這時候，有些人會找出造成堵塞的木材（他們稱之為「大魔頭」），並弄順它們，於是木材又能順流而下了——你的大魔頭或許是**憤怒**；憤怒會讓你遠離好事，因為怒氣愈大，要生氣的事就愈多，接著你就會在腦中建立起憤怒的軌跡，再來你會固定表現出習慣性的憤怒表情……自然而然地，你就會變得令人退避三舍，而錯失每天等待著你的絕佳機會了。

我記得幾年前，街上擠滿了賣蘋果的人。他們會起個大早，希望能搶到好位子。我經過一家位於公園大道（Park Avenue）旁的攤子幾次，那位小販的表情是我見過最惡劣的。有人經過時，他就喊：「蘋果！蘋果！」但是沒有任何人停下來買蘋果。

我向他買了一個蘋果，然後說：「除非你改變你的表情，否則你的蘋果會賣不出去。」

他回答：「唉！那邊那個人搶了我的位子。」

我說：「不用在意位子，如果你看起來親切，就算在這裏也能賣蘋果。」

他說：「好吧，小姐。」

然後我就離開了。第二天，當我看到他的時候，他整個表情都變了。他的生意興隆，面帶笑容賣著蘋果。

因此，請找出大魔頭（**可能不只一個**），這樣成功、快樂和富足的木材就能夠順著你的河道流下。

喚回你的成功潛能

現在你們去作工吧！草是不給你們的，你們要在沒有草的情況下製作磚塊。

60秒開啟成功之門

1. 請大聲說：「看似不可能的好事現在就要實現。」因為面對絕望時，懷疑和恐懼會讓你更難掙脫。

2. 想像安全、健康、快樂與富足的畫面，成為擺脫一切限制的生命，你可能會突然得到一大張支票或美麗的禮物。

3. 當你有所改變，所有狀況也會跟著改變，所以，今天就請做一個好的改變。

4. 停止自我催眠：「我不會成功，這有什麼用？」

5. 不要老是生氣，怒氣會讓你錯失每一個絕佳的成功機會。

6. 避免目光短淺、保守退縮、失去進取心。

7. 你怎麼待人，就會得到怎麼樣的回報。

8. 許多人總是期待擺脫匱乏和壓迫，卻總是吸引著匱乏和壓迫，你必須對肆虐你的思想有警覺。

Chapter 3

—少女與燈油—

做好準備迎接好事降臨

信心若沒有行為就是死的。

其中有五個是愚拙的，五個是聰明的。愚拙的拿著燈，卻不預備油。

這次的主題是聰明童女和愚蠢童女的比喻。

這天，十個少女拿著油燈出去迎接新郎；其中五個愚笨的少女帶了燈卻沒有準備足夠的油，另外五個聰明的少女帶了燈又多備了幾瓶油。結果，新郎遲到了，愚笨少女們的燈因為燈油不夠而快要熄滅，她們只好趕去鋪子買油，然而新郎卻在此時突然到了，所以只有聰明的少女跟著新郎一起同赴婚宴，等到愚笨的少女買油回來跟上後，卻被新郎拒於門外說：「我實在告訴妳們，我不認識妳們。」

「其中有五個是愚拙的，五個是聰明的。愚拙的拿著燈，卻不預備油；聰明的拿著燈，又預備油在器皿裏。」這則比喻告訴我們，真正的祈求意味著做好準備。

相信你已擁有，表現得像你已得到

耶穌說：「你們禱告，無論求甚麼，只要信，就必得著。」、「所以我告訴你們，凡你們禱告祈求的，無論是甚麼，只要信是得著的，就必得著。」在這則比喻中他告訴我們，唯有為好事做了妥善的準備（也就是展現積極的信念）的人，才能夠讓它顯現。

我們可以用另一種方式闡述這段經文：在祈求的時候，請相信你已經擁有；在祈求的時候，請表現得像是你已經得著——因為安穩地坐在扶手椅或搖椅中的信念絕對沒有改變的力量。

在搖椅中、在靜默中、在冥想中，你會被真理的驚奇所充滿，並感到你的信念絕不會動搖。你知道神是你的牧者，你絕對不至缺乏。你會感覺你萬有的神能夠除去一切負債或限制的負擔。接下來，你要從扶手椅上起身，步入真實的人生之中。只有在真實生活中所做的事，才真正算數。

我來告訴你一個例子，讓你知道這條定律如何運作，因為「信心若沒有行為就是死的」。

我有個學生非常渴望能夠出國，於是他謹記著這段話：「我感謝在上天的恩典之下，以完美的方式為我設計、提供我資助的旅程。」雖然他手頭很緊，但他知道準備的定律，因此他買了一個行李箱。這個行李箱十分賞心悅目，上面環繞著一條寬大的紅色帶子。每當他看著這個行李箱，就身歷其境地體驗了一趟旅程。

有一天他彷彿感受到他的房間在移動，他感覺到船的航行，便走到窗邊呼

吸清新的空氣，覺得味道聞起來像是碼頭的氣味，耳中可以聽見海鷗的鳴叫，以及登船時踏板所發出的軋吱聲。

行李箱發揮了效果，讓他與他的旅程**建立起共鳴**。沒過多久，他就得到一大筆錢，讓他踏上旅程。事後他說，整趟行程中的所有細節全都完美無缺。

你是在為恐懼或信念做準備？

在現實生活中，我們必須隨時調整自己到最佳狀態——我們行為的動機是恐懼還是信念？請**毫不鬆懈地檢視自己的動機**，因為生命的議題會由此衍生出來。

如果你的問題在於金錢（一般而言常是如此），你必須知道如何一直表現出自己信念的方式，並提升自己的財務能力、保持不虞匱乏。

在物質上，面對金錢的態度就是信賴你的薪水、收入和投資，但是這些都可能在一夜之間縮水；在靈性上，面對金錢的態度就是信賴神給你的供給。

為了保有你所擁有的，你必須永遠記得這些都是神的顯現。

「阿拉曾賜予的絕不會減少。」如果一扇門關上了，另一扇門會立即開啟。請千萬別吐露缺乏和限制的想法，因為「憑你的話定為有罪」。你終究會和你注意的事物連結在一起，如果你總是在意失敗和艱難，你就會和失敗及艱難結合在一起。

你必須建立起活在四度空間——「奇妙的世界」（The World of the Wondrous）的習慣。在這個世界中，你不會用外表評斷事物，因為你已經訓練過你內在的眼，視線能夠穿透失敗看見成功，穿透疾病看見健康，穿透匱乏看見豐饒。「凡你所看見的一切地，我都要賜給你。」

「愚拙的拿著燈，卻不預備油；聰明的拿著燈，又預備油在器皿裏。」燈象徵人的意識，油則是能夠帶來光明和理解的事物。

「新郎遲延的時候，她們都打盹，睡著了。半夜有人喊著說：『新郎來了，妳們出來迎接他！』那些童女就都起來收拾燈。愚拙的對聰明的說：『請分點油給我們，因為我們的燈要滅了。』」愚蠢的童女缺乏智慧和理解，也就是意識的燈油，一旦遭遇嚴峻的困境，她們就無法處理。

當她們對聰明的童女說「請分點油分給我們」時，聰明的童女回答說：「恐怕不夠妳我用的，不如妳們自己到賣油的那裏去買吧？」這意味著愚蠢的童女無法獲得超過意識中原有的東西，這裡的「意識中原有的東西」，指的就是她們所共鳴的事物。

前文提到的我的學生——那位得以踏上旅程的人——之所以能如願，是因為這趟旅程就在他的意識中栩栩如生，他相信他已經如願了。他在為旅程做準備時，就是在為自己的燈準備油，而當他身體力行時，就能帶來顯現。

準備的定律反過來也一樣適用。

如果你為了你所害怕或不願見到的事做預備，你就會開始吸引這些事物。約伯說：「我所恐懼的臨到我身。」我們聽到有人說：「我得存些錢，免得以後生病。」他們這麼做，其實正是故意在為疾病作準備；也有人說：「我存錢是為了防備不時之需。」如此一來，不時之需絕對會在最不湊巧的時機降臨。

上天的旨意是要給予每個人豐厚的恩賜：你的倉庫該要堆滿，你的杯子也該要注滿。

不過，我們必須先學會如何正確地請求，例如：「我呼喚累積的法則。我的供應源自於神，祂以恩典為我斟滿杯子、為我堆滿倉庫。」這段話沒有任何拮据、節省或疾病的景象，能帶來豐足的四度空間感受、為無窮的智慧留下管道。

每一天都是「審判日」

每一天你都必須做出選擇——

你要當智者還是愚者？你會為迎接好事的發生而預備妥當嗎？你會將夢想轉化為信念嗎？還是你會把時間花在懷疑和恐懼上，不為自己的燈預備油呢？

「她們去買的時候，新郎到了。那預備好了的，同他進去坐席，門就關了。其餘的童女隨後也來了，說：『主啊，主啊，給我們開門！』他卻回答說：『我實在告訴妳們，我不認識妳們。』」你可能會覺得愚蠢的童女因為疏忽而沒有準備油，所付出的代價實在慘痛，但我們面對的是**因果定律**（即**自作自受**的法則）。這叫做「審判日」，大家通常把它和世界末日連結在一起。你的審判日可能在「七」之後來臨——七小時、七天、七個星期、七個月，或是七年，甚至也可能是七分鐘。到時候，你必須償付在因果上欠下的債，也就是違背靈性法則而付出的代價。因為你沒有信賴神，沒有在你的燈裏帶著油。

每日檢視你的意識

請每天檢視你的意識，查看你是在為什麼事做準備。

如果你因著擔心貧困而錙銖必較，那你就會吸引貧困。所以，請明智地使用你所擁有的，這樣能廣開門路，讓你獲得更多。

我在《召喚奇蹟的圓夢說話術》中曾提過關於魔法錢包的事：在《天方夜譚》的一則故事裏，有個人擁有一個魔法錢包，錢包裏的錢一旦花掉，就會立刻回到錢包裏頭。

因此我說：「我的供應來自於神——我有一個屬靈的魔法錢包，裏面的錢絕對不會用完。錢一旦用掉，就會立刻補充。這個錢包永遠裝得滿滿的，在恩典之下，以完美的方式，裝滿了豐饒。」這段話能夠在心中產生鮮明的畫面，也就是——你正在向「想像力的銀行」提款。

有一個並不富有的女人，很怕支付任何帳單而讓她銀行戶頭中的錢變少。但後來她對這句話產生強大的信念：「我有一個屬靈的魔法錢包，裏面的錢絕對不會用完。錢一旦用掉，就會立刻補充。」當她毫不畏懼地繳清了帳單後，結果反而出乎意料地——得到了幾張大額支票！

「總要警醒禱告，免得入了迷惑。」

這是要你小心自己在為破壞性的事物做準備，而不是為建設性的事物做準備。

我認識的一個女人告訴我，她隨時準備好一條絲綢長面紗等著參加喪禮之用。我告訴她：「妳是妳親戚的威脅，準備著要趕快送走他們所有人，讓妳可以戴上面紗。」於是她把那條面紗毀掉了。

另外一位經濟拮据的女人決定要送她的兩個女兒上大學。她的丈夫則是嘲笑這個想法：「誰來付她們的學費？我可沒有錢。」她回答：「我知道某些無法預料的好事會發生在我們身上。」

她持續為女兒們上大學做準備，而丈夫也打從心底取笑她，還告訴所有朋友，他太太要靠「某些無法預料的好事」送女兒們上大學。很快地，有位富裕的親戚給了她一大筆錢。

「某些無法預料的好事」真的發生了，因為她表現出積極的信念。

我問她在收到支票後對丈夫說了什麼，她回答：「噢！我從來不用『我才是對的』這種話得罪他。」

所以，請為你「無法預料的好事」做好準備。讓你所有的思考和行動都表現出毫不動搖的信念。

你生命中的每一件事都是**信念的結晶**，都是你透過恐懼或信念邀請來的，也全都是你特意準備的。

既然我們可以做出抉擇，就讓我們當個聰明人，為我們的燈準備好油——這樣我們就能在最意想不到的時刻收割信念的果實。

喚回你的成功潛能

現在，我的燈裏裝滿了信念和滿足的油。

60秒開啟成功之門

1. 隨時把自己調整到最佳狀況，讓所有的思考和行動都表現出毫不動搖的信念。

2. 每天檢視你的意識是在為什麼事做準備，記得要為有建設性的事物做預備。

3. 訓練內在的眼，讓視線可以穿透失敗、疾病和匱乏，看見成功、健康和豐饒。

4. 不要只是安穩地坐在椅子上相信自己一定會成功，卻不起身步入生活做事。

5. 不要抱持缺乏和限制的想法，例如「存錢是為了預防不時之需」，這會讓不時之需在最不湊巧的時機降臨。

6. 擔心貧困而錙銖必較，反而會吸引貧困。

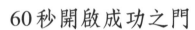

期盼美夢成真

—帶來另一半的扶手椅—

期待好事一定會降臨，不要執著於現實的門徑或管道。

照你們的信心成全你們吧！

信心就是期盼，「照你們的信心成全你們吧！」因此，我們可以說，你的期盼將會降臨在自己身上。

那麼，你所期盼的是什麼呢？有人會說「我們要做最壞的打算」或「最糟的事還在後頭」，他們這樣等於是故意邀請最壞的情況降臨；也有人說：「我希望事情能夠好轉。」這些人將會使生命的景況變得更加美好——改變你的期盼，你的處境也會隨之改變。

實際行動，和你渴望、需要的好事當好朋友

如果你已經養成期待損失、匱乏和失敗的習慣，又該如何改變你的期盼呢？首

先，你要表現出期待成功、快樂和豐足的作為；期待好事發生在你身上。請採取實際的行動，表示您真的期盼好事成真。而且，光靠積極的信念，就能夠影響潛意識。如果你曾經對你家許下什麼承諾，像是蒐集小飾品、桌布之類的，請**立刻開始準備**，彷彿這是刻不容緩的事。

我知道有個女人為了將自己的夢想轉化為信念而買下一張很大的扶手椅，她這麼做是認真的，因為這張寬大而舒適的椅子，是為了準備迎接適合她的男性。而她，果真等到了他。

或許有人會這樣問：「如果我沒有錢買裝飾品或是椅子，那又應該要怎麼辦？」

請看著商店的櫥窗和裏頭的物品，建立思想上的連結進而體會它們的

脈動吧！我曾經聽人這麼說過：「我從來不去逛商店的，因為我什麼都買不起。」然而事實上，這才是你應該到店裏去逛逛的最大理由——

你應該要先和你渴望或是需要的東西成為朋友才對。

我認識一個十分想要戒指的女人，她大膽地光顧戒指專櫃，去試戴那些戒指，這讓她實際體會了擁有戒指的感受。而不久之後，就有一位朋友送了她一枚戒指。

「你會和你關注的事物連結在一起。」

只要持續關注美好的事物，就能建立起看不見的聯繫，而這些事物遲早都會進入你的生活，直到你說「天啊，這實在好到不像真的」為止。

不要限制願望實現的方式

「我的心哪，你當默默無聲，專等候神，因為我的盼望是從他而來。」這是詩篇第六十二篇最重要的一段話。「心」指的就是潛意識的心靈，詩篇的作者告訴自己的潛意識要直接向宇宙萬有期盼一切事物。不要執著於門徑與管道，「因為我的盼望是從祂而來」，而且神絕不會失敗，因為「祂的方法巧妙，祂的方式明確」。

■只要你不計較實現的管道，你可以向神祈求任何看似不可能成真的好事。

不要說你希望願望如何實現，也不要說願望不可能會實現，因為「上天是給予者（Giver），也是禮物（Gift），祂會自行建立令人驚歎的管道。」記住這句話：「我無法遠離送禮的神，因此我無法遠離神這份禮物；這禮物就是活生生的神。」

只要了解到所有的祝福都是活生生的好事，在每張面孔中看見神、在任何情況中發現好事，你就能主宰一切情勢。

有個女人來告訴我她公寓的暖爐沒有暖氣，而她的母親為寒冷所苦。

她補上一句：「房東宣稱在某個日期之前都不會提供我們暖氣。」

我回答：「神就是妳的房東。」

她說：「這就是我想要知道的一切。」然後匆匆離開。當天晚上她還沒有請求暖氣就開啟了，這是因為她了解房東是神的顯現。

期盼，是還未發生的事實

現今是個美好的年代，因為人們開始期待奇蹟，並蔚為風尚。我要引用約翰·安德森（John Anderson）在《美國人紐約新聞報》（New York Journal American）上的一篇文章來佐證我剛才說的話。這篇文章的標題是「戲院常客讓形而上學的戲劇大紅大紫」。

有個憤世嫉俗的經理，名字叫做布洛克·潘伯頓（Brock Pemberton）。某天晚上在中場休息的路邊閒聊中，他帶著微微挖苦的語氣對我說：「如果你們這些評論家對紐約民眾想要的東西瞭若指掌，怎麼不告訴我該製作什麼戲劇？為何不幫我做生意，反而趕跑我的生意？為什麼你不告訴我劇場觀眾想看什麼樣的戲劇？」

我說：「我會告訴你，不過你不會相信。」

他說：「你在迴避問題。其實你根本就不知道，所以你裝出知道很多卻不願意透露的樣子來掩飾你的無知。對於什麼樣的戲劇常會大受歡迎，此刻你知道的根本不比我多。」

「才不是！」我說，「有個題材一定能紅遍半邊天，不但現在受歡迎，任何時候也都會永遠受歡迎，無論是和愛情劇、推理劇還是歷史悲劇相比都不遜色。只要稍微有可取之處，這種題材的戲劇絕對不會一敗塗地，連很多不甚高明的都成了熱門作品。」

「你又在推託了！」潘伯頓先生不相信的回說，「你說說，到底是哪一種戲劇？」

「形而上學。」說完，我停頓了一下，靜靜等著看他的反應。

潘伯頓先生說：「形而上學？你是說形而上學？」

因為潘伯頓先生什麼都不說，所以我沉默了一會兒，就只是列舉了一連串的劇名給他聽，例如《青青草原》（The Green Pastures）、《星星時光機》（The Star Wagon）、《馬拉奇老爹的奇蹟》（Father Malachy's Miracle）等等。我接著補充道：「在這些戲劇之中，有些深入人心，而且超乎評論家的理解。」然後潘伯頓先生離開了，他到鎮上，幾乎詢問了每一間戲院：「你們這裏有形而上學家嗎？」

大家開始了解到，自己的言語和思考有何等的威力。他們明白了為什麼「信就是所望之事的實底，是未見之事的確據」。

我們可以從迷信之中，看見「期盼定律」的運作模式：舉個例來子說，如果你從梯子下走過，並且預期這個動作會為你帶來厄運，那麼，它就真的會為你帶來厄運（西方人相信走在樓梯底下會遭致厄運）。

梯子本身是無辜的，厄運其實是因為你的期待而降臨——所以，我們既可以說期盼是對所盼望的事的把握，也可以說期盼是對懼怕之事的把握。

三千祝福都有機會呈現

■我所預期的臨到我身。

沒有什麼事好到不可能成真，沒有什麼事美妙到不可能發生，沒有什麼事好到不能成為永恆；只要你仰望神，祈求好事發生。

現在，請想想那些看似遙不可及的祝福，並且立刻開始期盼它們在恩典之下、以意想不到的方式實現——

因為神是以出乎意料的方式作工，履行祂的奇事。

我聽說，聖經中有三千個許諾，現在，讓我們期待這些祝福全部實現。這些祝福向我們承諾了財富和榮耀，以及永恆的青春（你的肌肉就比孩童的更嫩）和永恆的生命（死亡本身將會被克服）。

基督信仰的基礎，是罪的寬恕以及「空墓穴」。現在我們知道，這一切在科學上都是有可能的。

當我們在呼喚寬恕法則的時候，我們也能夠免於錯誤，以及錯誤本身所造成的後果（「你們的罪雖像硃紅，必白如羊毛」）。然後，我們的身體就會浸沐在光明之中，並且展現出「身體電流」——這是一種不會腐朽、不可毀滅，並展現保護力量的純粹物質。

喚回你的成功潛能

現在我期盼令人歡欣的好事以出乎意料的方式實現。

60秒開啟成功之門

1. 期待好事發生並採取實際行動，表示真的希望好事成真。如果你想要戒指，就去試戴、體會一下擁有戒指的感覺吧！
2. 請說：「我希望事情能夠好轉。」你會使生命更加美好。
3. 相信「沒有什麼事好到不可能成真、沒有什麼事美妙的不能成為永恆」。
4. 別老是做最壞的打算，因為這樣等於是故意期盼最壞的情況發生——壞事是因為你的期待而降臨的。
5. 不要指定願望實現的方法。
6. 別老把「願望不可能成真」掛在嘴上。
7. 信是所望之事的實底、是未見之事的確據。

Chapter 5

不抵抗的成功祕訣

—不擔心磁鐵—

不抵抗，這個世界就是你的！

永生的神是你的居所；他永久的膀臂在你以下。

在聖經中，神的臂膀永遠象徵著保護。聖經的作者知道**象徵的力量**——象徵能產生影響潛意識心靈的畫面。他們使用的象徵有岩石、綿羊、牧羊人、葡萄園、燈，以及其他數百種的象徵。如果能夠知道聖經中使用了多少種象徵，一定十分有趣。另外，臂膀也象徵力量。

無窮智慧的隱形翅膀

「永生的神是你的居所；他永久的膀臂在你以下。他在你前面攆出仇敵，說：毀滅吧。」那麼，誰是「你面前」的仇敵？那就是你在潛意識心靈中建立起來的負面思考型態，因為一個人的仇敵只有自己家裏的人。永久的臂膀會把與你為敵的想法驅趕出去，予以毀滅。

你是否曾因擺脫某些負面思考型態而感到輕鬆自在？

也許你已經建立起憤恨的思考型態，直到無時無刻都為了某件事怒火中燒。你怨恨著認識的人、不認識的人、過去的人、現在的人，當然你也知道，未來的人勢必也逃不過你的憤怒。

憤怒會影響到全身的器官，因為在你憤怒的時候，全身的器官都會跟著一起憤怒。你會付出風濕病、關節炎、神經炎等各種代價，因為尖酸刻薄的想法會在血液中產生酸性。這些問題的出現都是因為你親自披掛上陣，沒有把戰役交給神寬廣的臂膀。

我曾把這段話送給我的很多學生：「神寬闊的臂膀能夠伸得比人和各種情勢更遠，並且控制這個場面，保護我的利益。」這句話能夠喚起象徵力量與保護的寬闊

臂膀之畫面。只要了解神寬闊臂膀的力量，你就不會再抗拒或怨恨。你會放鬆心情，淡然處之。你心中與你為敵的想法會被摧毀，不利的條件也會因此消失。

靈性發展代表的是能夠「擺陣站著」或是退到一旁，讓無窮的智慧除去你的負擔、為你征戰。憤怒的負擔一旦除去，你就能體驗到如釋重負的輕鬆感！你會善待每一個人，身體內的所有器官也都會開始正確運作。

一則引述戴伊（Albert Edward Day, D.D.）的剪報寫道：「愛我們的仇敵對我們的靈性健康有益，這已經是眾所周知且廣為接受的看法，但是負面傷人的情緒會破壞身體健康，相對來說則是較新的發現。

健康的問題經常出自情緒，如果將錯誤的情緒放在心上、反覆想起，有可能會導致疾病。當傳道者說要愛你的仇敵時，一般人很可能會認為這是難以忍受而且假道學的說法，但事實上，傳道者告訴你的不只是道德，還是衛生上的第一定律。

如果老是沉溺在仇恨中，任何人的身體都會承受不了，這相當於反覆接受一劑劑的毒藥。要是有人勸你擺脫恐懼，他說的並不是精神錯亂的理想主義言論，而是和飲食建議同等重要的健康忠告。」

我們常聽人鼓吹均衡飲食，但若沒有一顆平衡的心靈，你就無法消化你吃下的東西，不管它們的熱量是高是低。

過於急切的渴望令人失去磁性

不抵抗是一門藝術，一旦學會了，這個世界就是你的！

太多人試著要強勢扭轉情勢，但永恆的好事絕不會因為個人意志一意孤行地堅持而降臨。

「棄我去者，切勿強留；
人若無求，後福無窮。
看哪，福氣的影子就映在地板上！
看哪，福氣的身子就站在門扉旁！」

著名的英國運動員拉夫拉克（Lovelock），曾被問到如何獲得跑步時的速度和耐力，他回答：**「學會放鬆。」**讓我們在行動中達到這種休憩的狀態！他在跑得最快的時候，也是最放鬆的時候。

■你的好機會和巨大成就，經常是在你**最意想不到的時候**悄然來到。

你必須等待很長一段時間，讓偉大的吸引力法則運作。你絕對不會看到磁鐵憂慮焦急，磁鐵只會直挺挺站立著，毫無一絲掛慮，因為它知道鐵針一定會迎面向它撲過去。

我們正確期待的事，會在我們**放開控制權的時候**實現。

我曾經在我的函授課程中說過：「不要讓你內心的渴望成為你內心的隱疾。」過於急切地渴望某樣事物，你可能會因此完全失去磁性，你會憂慮、恐懼，並且苦惱不已。

有一條神祕的忽視法則：「這些事物都不能動搖我的心念。」

這樣一來，你的船就會橫渡無牽無掛的大海向你駛來。

很多追求真理的人太急著要朋友閱讀書籍或參加演講，以至於惹惱了朋友、遇到強烈的反彈。

有一個朋友帶著我的書《健康、財富、愛與完美自我表現的人生祕密》到她兄弟家閱讀。孰料，這一家的年輕人都拒絕閱讀這本書，因為他們不喜歡「瘋言瘋語」。

在他們之中，有一個人是以開計程車為業，某天晚上他開著其他人的計程車，結果在檢查車子的時候，發現某處塞了一本書，那正是《健康、財富、愛與完美自我表現的人生祕密》。

第二天，他對他姑姑說：「我昨天晚上在計程車裏找到希恩女士的書。我看過了，這書寫得很好！裏面有很多好文章，她怎麼不多寫幾本呢？」

神會以迂迴的方式作工，履行祂的奇蹟。

為你看不見但已得到的好事獻上感謝

我見過不快樂的人，以及一些感恩而滿足的人。有個人某次曾對我說：「我有很多事必須感謝：我身體健康，經濟無虞，而且還是單身！」

詩篇第八十九篇十分有趣，我們可以在其中看到兩方的互動：唱這首詩篇的人（所有的詩篇都是歌曲或詩），以及回答他的耶和華萬軍之神。這是一首讚美和感恩的歌，稱頌神寬廣的臂膀。

「我要歌唱耶和華的慈愛，直到永遠。耶和華——萬軍之神啊，哪一個大能者像你耶和華？你有大能的膀臂；你的手有力，你的右手也高舉。」然後是萬軍之神的回答。「我的手必使他堅立；我的膀臂也必堅固他。我要為他存留我的慈愛，直到永遠；我與他立的約必要堅定。」

語言和思想的共振能量

我們只會在聖經和童話故事中聽到「永遠」這個詞。從絕對的角度來看，人超脫於時間和空間之外，好事將會「從亙古到永遠」。童話故事傳承自古老的波斯傳說，這些傳說則是以真理為根基。

阿拉丁和神燈的故事是言語意象的具體描繪——阿拉丁摩擦神燈而實現了他所有的願望。你的言語就是你的神燈。語言和思想都是一種放射性能量的形式，種什麼因就得什麼果。有位科學家曾經說，言語浸沐在光芒中。你正不斷收穫你的言語所結出的果實。

在一次聚會當中，有個朋友告訴我，她曾經帶一位失業一年以上的人到我的課堂上。當時，我說了這句話：「現在就是約定的時刻，今天就是驚奇的好運降臨之日。」這句話正中他的意識，結果他很快就找到了一個年薪九千美元的職位。

另外有個女人對我說，我在祝福奉獻者的時候，都會說每一筆奉獻將得到一千倍的報償。她在捐獻中放入了一塊錢，並且深有體會地說：「這一塊錢受到了祝福，將會帶來一千元的回報。」沒過多久，她就以出乎意料的方式得到了一千美元。

為什麼這項真理對某些人的效果會比對其他人快得多？

這是因為他們有一雙**傾聽的耳朵**。耶穌曾提過撒種的比喻，有些種子落在好的土壤中；話語就是種子。我曾經說過：「請聽一語中的之話語、讓你有所領悟之話語、能夠結果子之話語。」

有一次，我到一間很熟的朋友開的店裏去。我曾經給過他的某個員工一張肯定語句卡，當時我打趣地對他說：「我大概不用給你肯定語句卡，反正你也不會拿來用。」而他回答：「啊！請給我一張卡片，我會使用它。」於是下一個星期，我給了他一張卡片。結果在我離開之前，他興奮地衝到我身邊，告訴我：「我說了那句話，結果兩名新客人走了進來。」

那句話是：「現在就是約定的時刻，今天就是驚奇的好運降臨的日子。」這果然一語中的。

太多人把言語用在誇張而粗魯的陳述之中，這在美容院裏可以找到許多例子。

有個年輕女孩想要找雜誌看，於是她對美容院員工說：「給我一些新潮到不行、炫得要命的東西。」但她想要的其實只是最新的電影雜誌而已。

有人會說：「希望能發生一些刺激得要命的事。」但其實他們正在為自己的生命招來一些不愉快但卻刺激的經驗，然後茫然不知這些事為何發生在他們身上。

我認為，每一所大學中都應該要有形而上學的講座。形而上學是世代累積的智慧，它是許多世紀以來在印度、埃及、希臘教導眾人的古老智慧。赫米斯（Hermes Trismegistus）是埃及的偉大導師，他的教導被人仔細地保存，流傳了十個世紀後展現在我們面前。他在埃及生活的年代，正是現有人類種族的萌芽期，然而，如果你仔細閱讀他的《卡巴萊恩》（Kybalion，被後人整理成《祕典卡巴萊恩》，柿子文化出版），你就會發現他的教導和我們現在教導的內容一模一樣——

他說：所有的心理狀態都伴隨著振動，你會和與你共振的事物連結在一起。

所以，現在就讓我們都和成功、快樂及富足一起共振吧！

喚回你的成功潛能

現在就是約定的時刻。今天就是驚奇的好運降臨的日子。

60秒開啟成功之門

1. 明白好事不會因為個人意志一意孤行地堅持而降臨，只要相信它會在正確的時間降臨！

2. 當一個感恩而滿足的人。

3. 傾聽會讓你有所領悟的話語，聆聽會讓你有所收獲的話語。

4. 勿過於急切地渴望某件事。

5. 不要說誇張而粗魯的話，如果你說出想要「刺激得要命」的事，那你可能會招來一些不愉快但卻很刺激的經驗。

6. 不要把不好的情緒一直放在心上；愛你的仇敵並不是假道學，因為仇恨是侵害身體的毒藥。

7. 了解無窮智慧的力量，你的恐懼、擔憂和怨恨就會放下。

8. 注意！所有心理狀態都伴隨著振動，你會和與你共振的事物連結起來。

Chapter 6

內在直覺的神奇力量

—福特汽車—

偉大的想法會遇上阻力，但不要讓其他人壞了你的好事。

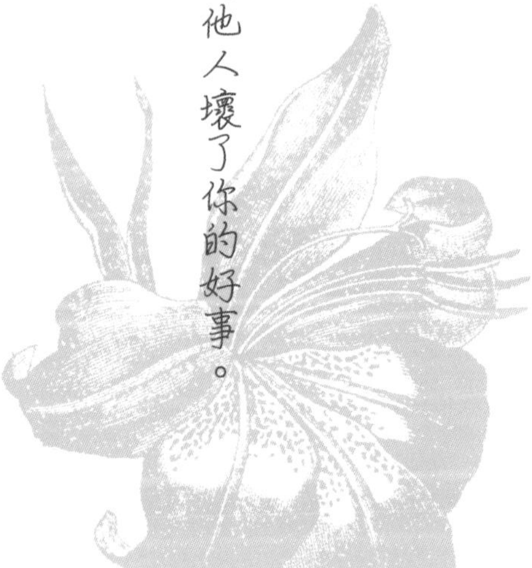

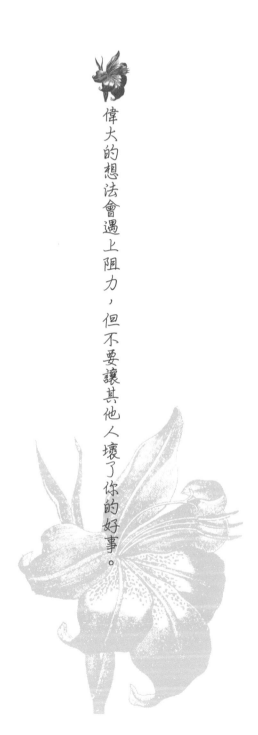

今日就可以選擇所要事奉的。

每一天，我們都會面臨岔路，必須做出選擇——「我該做這件事，還是那件事？我該離開，還是留下來？」

很多人不知道如何是好，於是忙著要其他人為自己做選擇，然後再後悔聽從這些建議。也有人仔細思索每件事的道理，權衡輕重，審時度勢，像是在雜貨店裏買東西一樣，結果卻為了無法達成目標而訝異不已。有的人則是循著直覺的魔法路途前進，發現自己眨眼間就到達了應許之地。

喚醒你沉睡的天賦——直覺

直覺是一條遠高於邏輯心智的靈性天賦高速公路，這條道路能夠滿足你所渴望和需要的一切。在我的書《健康、財富、愛與完美自我表現的人生祕密》之中，我分享了許多透過使用這項奇妙天賦而獲得成功的案例。

我也在函授課程中說過，祈禱其實就是打電話給神，而直覺則是神打電話給你。所以，今天你就可以選擇循著**直覺**的魔法路途前進。

在我的問答課程中，我會告訴你如何培養直覺。對大多數人來說，直覺是一項仍在沉睡中的天賦，所以我們會說：「沉睡的人啊，醒過來吧，醒來面對你的指引和預感，醒來面對你內在的神性！」

建築學家克勞德・布瑞格登（Claude Bragdon）曾經說：「靠著直覺生活，就是

過著四度空間的生活。」現在，你必須做出決定；你面臨了岔路，請詢問絕對不會錯誤的明確指引，而你將會得到答案。

我們可以在約書亞記中，找到許多能夠以形而上方式詮釋的事件——

「我的僕人摩西死了。現在你要起來，和眾百姓過這約旦河，往我所要賜給以色列人的地去。凡你們腳掌所踏之地，我都照著我所應許摩西的話賜給你們了。」腳是代表理解的符號，因此在形而上學中，代表著在意識裏我們所了解、作為立足基礎的一切，以及以此為根基、絕對不會從我們身上被剝奪的東西。

聖經又繼續寫道：「你平生的日子，必無一人能在你面前站立得住……我必不撇下你，也不丟棄你。只要剛強，大大壯膽，謹守遵行我僕人摩西所吩咐你的一切律法，不可偏離左右，使你無論往哪裏去，都可以順利。」

因此我們可以知道，只要我們堅強並十分勇敢地遵循靈性的律法，就可以藉此獲得成就。

且讓我們回到「岔路」——**選擇**的必要性上，「今日就可以選擇所要事奉的」究竟是機巧還是神聖的指引。

有一位聲名遠播、在金融界很有影響力的人曾對朋友說：「我總是聽從直覺，結果成了幸運兒。」

用正確的話語尋求直覺

靈感（屬於神聖指引的）是生命中最重要的事，參加真理聚會的人正是來尋求靈感。我發現**正確的字句**能夠讓神開始在他們的事情上作工。

有個女人為了一場複雜的糾紛來找我，我告訴她：「讓神來處理這個局面吧！」這樣做果然有用。

她說了「我現在讓神來處理這個局面」這個肯定語句之後，幾乎是立刻的，她租出去一棟空了很久的房子。

就讓神來處理所有的局面吧，因為有可能在你自己嘗試解決的時候，會把一切都搞砸。

在我的問答課堂上，有人問我：「妳要如何讓神處理這個局面？而妳說我不該插手，又是什麼意思？」

我是這樣回答的：「因為你是用機巧處理事情。然而，機巧常常會會告訴

你說：『時局不好，不動產市場沉寂不揚，在一九五八年秋天以前，都沒什麼指望了。』」

屬靈的定律則是只有「現在」，所以當你還未呼求時，就已經獲得應允；這是因為「時間和空間都只是一場夢」，而你的福分早就準備妥當，等著你用信心和語言將它釋放。

「相信」需要勇氣

「今日就可以選擇所要事奉的」究竟是恐懼還是信念，而每一個出於恐懼所採取的行動，都潛伏著自身覆滅的因子。

不過，信賴神事實上是需要非常大的力量與勇氣的。我們經常會在遇到小事時相信神，然而，一旦面臨了大事，我們就會覺得最好還是由自己來，結果就是挫折和失敗。

以下是我收到的一封信件的摘要，寫信的人是一名住在西部的女性。你可以從中看到外在情況是如何地瞬息萬變。

「閱讀妳的大作《健康、財富、愛與完美自我表現的人生祕密》帶給我很多樂趣。我有四個兒子，分別是十、十三、十五和十七歲。我常想，如果能夠讓他們在早年就領會這個想法，並且獲得由神授與他們的事物，那該是件多麼美好的事。

讓我閱讀這本書的小姐，也給了我其他的書籍，但是我在拿起這本書時就覺得它彷彿有磁性、讓我無法放下。

讀完之後，我才了解到過去我曾經嘗試過著屬神的生活，但卻不了解定律，否則我應該會有更大的進展才對。

起初我覺得要在商業界佔有一席之地十分困難，畢竟我已經當了很多年的全職母親，但是我看到這句話：『神會在你走投無路時開創出道路！』祂也的確為我開創了道路。

我對能夠得到目前的職位滿懷感激，當我聽到別人說：『妳不但要管教四個成長期的男孩、照顧一個家，而且還是在動了個大手術、住院了這麼久、身邊又沒有親戚照應的情況下！妳是怎麼辦到的？』我會露出微笑。」

我在我的書裏提到了這句話：「神會在你走投無路時開創出道路！」即使她的朋友都說她不可能開創事業，神還是為她開創出道路。

小心那些常對你說「不可能」的人

另外，一般人會告訴你幾乎每件事都辦不到。

我有次就碰上了這種經驗。我在店裏看到一個可愛的銀色滴漏式小咖啡壺，可以沖泡恰好一杯的任何飲料。我與高采烈地拿給幾位朋友看，覺得這真是太可愛了！

結果其中一人說：「這東西絕對沒有用。」另一個人說：「這如果是我的，我會把它扔出去。」我站起來拿起小咖啡壺，告訴他們我知道這確實可用，結果也真是如此。

很顯然地，我的朋友就是那些很典型的、會說「這不可能」的一般人。

■所有偉大的想法都會遇上阻力，但是不要讓其他人壞了你的好事。

■請循著智慧與理解的道路前進，「不可偏離左右，使你無論往哪裏去，都可以順利。」

上天會送上我們期盼的事物

在約書亞記第二十四章第十三節中，我們可以讀到以下這個值得注意的句子：「我賜給你們地土，非你們所修治的；我賜給你們城邑，非你們所建造的。你們就住在其中，又得吃非你們所栽種的葡萄園、橄欖園的果子。」這句子告訴我們的道理是——人無法贏得任何東西，所有獲得的幸福都是贈禮（沒有人能夠拿來自誇的贈禮）。

只要了解財富，我們就能獲得財富作為贈禮；只要了解成功，我們就能獲得成功作為贈禮——因為成功和富裕都是心靈的狀態。

懷疑和恐懼只會奪走我們的一切

「因為那是耶和華你的神，曾經把我們和我們的父親從埃及地，從為奴之家領出來。」埃及的土地象徵黑暗，為奴之家則是指人受到自己的懷疑和恐懼奴役，並且相信缺乏與限制的地方，也就是走上了錯誤岔路的結果。

不幸是因為無法堅持上天透過直覺向你揭示的事物而產生的。反過來說，所有的大事都是由堅持自己重要想法的人所完成的。

亨利・福特（Henry Ford）在想到福特汽車的主意時已經過了中年。他在籌措資金時遇到很大的困難，朋友都認為這個想法太瘋狂了，父親流著眼淚對他說：「亨利，你為什麼要放棄週薪二十五塊美元的高薪工作，追逐瘋狂的想法？」但是，沒有人能阻礙亨利・福特。

所以，為了離開埃及、離開為奴之家，我們必須做出正確的選擇。請在路途中走上正確的岔路。

「只要剛強，大大壯膽，謹守遵行我僕人摩西所吩咐你的一切律法，不可偏離左右，使你無論往哪裏去，都可以順利。」因此，今日當你面臨路途中的岔路時，就讓我們毫不畏懼地聽從直覺的聲音吧！

聖經稱直覺的聲音為「微小的聲音」——「你必聽見後邊有聲音說：『這是正路，要行在其間。』」而這條路徑上，必定會有**早已為你準備妥當的好事**。你會發現「我賜給你們地土，非你們所修治的；我賜給你們城邑，非你們所建造的。你們就住在其中，又得吃非你們所栽種的葡萄園、橄欖園的果子。」

喚回你的成功潛能

我受到神聖的指引，沿著正確的岔路前進。神會在走投無路時開創出道路！

60秒開啟成功之門

1. 不畏懼地聽從內在直覺的指引，找到抉擇時的答案！
2. 相信幸福本來就已經存在，它只是正等著你用信心和語言將它釋放。
3. 堅持內在直覺所告訴你的肯定聲音，即使每個人都跟你說「辦不到」。
4. 別對自己太自信；小事相信直覺、大事卻要自己來，反而會把一切搞砸。
5. 不要常說：「這不可能。」
6. 不要老是要其他人來替自己做選擇。
7. 成功和富裕都是心靈的狀態。
8. 所有的大事，都是由堅持自己重要想法的人所完成的。

Chapter 7

——埃及王子——

前進！前進！再前進！

懷疑和恐懼會在你身邊駐紮，但是永遠會有人要你前進。

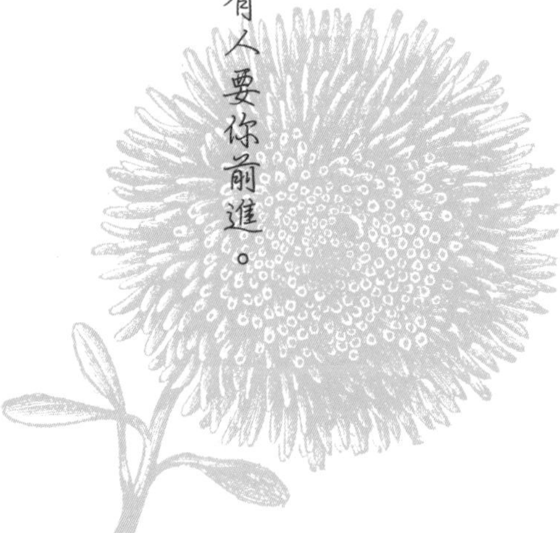

吩咐以色列人往前走。

聖經中最戲劇化的故事之一，就是以色列人橫越紅海的這段情節。

懷疑讓你不願意夢想

摩西帶領著以色列人離開令他們受到束縛和奴役的埃及領土，而埃及人在後方追趕他們：

> 神降下十災給埃及全地，法老的長子也因災禍而亡，於是法老將以色列人趕出了埃及地。
>
> 當法老知道以色列人已經逃走，他和他的臣僕後悔了，於是法老登上戰車，

召集軍隊，並帶著所有的戰車出發，一直追趕以色列人到紅海邊境他們紮營之處。以色列人一看見此情景，非常恐懼地向耶和華求救，也對摩西抱怨。

以色列人就像大多數人一樣，並不以信賴神為樂。他們抱怨連連，對摩西說：「我們在埃及豈沒有對你說過，不要攪擾我們，容我們服事埃及人嗎？因為服事埃及人比死在曠野還好。」

摩西對百姓們說：「不要懼怕，只管站住！看耶和華今天向你們所要施行的救恩。因為，你們今天所看見的埃及人必永遠不再看見了。耶和華必為你們爭戰；你們只管靜默，不要作聲。」

我們可以說，摩西是將信仰強加在以色列人身上，因為他們寧願做舊有的懷疑和恐懼（埃及象徵黑暗）的奴隸，也不願意把夢想轉化為信念，穿過曠野進入應許之地（在抵達應許之地以前，確實有一片必須穿越的曠野——舊有的懷疑和恐懼在你的身邊駐紮，但是永遠有人要你前進！你的路途中永遠會有一位摩西，有時是朋友，有時是直覺）。

耶和華對摩西說：「你為甚麼向我哀求呢？你吩咐以色列人往前走。你舉手向海伸杖，把水分開。以色列人要下海中走乾地。」

「摩西向海伸杖，耶和華便用大東風，使海水一夜退去，水便分開，海就成了乾地。以色列人下海中走乾地，水在他們的左右作了牆垣。埃及人追趕他們，法老一切的馬匹、車輛和馬兵都跟著下到海中。」

「耶和華對摩西說：『你向海伸杖，叫水仍合在埃及人並他們的車輛、馬兵身上。』摩西就向海伸杖，到了天一亮，海水仍舊復原。埃及人避水逃跑的時候，耶和華把他們推翻在海中。水就回流，淹沒了車輛和馬兵。那些跟著以色列人下海的法老全軍，連一個也沒有剩下。」

當情勢推著你不得不前進

請記住，聖經談的是個人，書中說的是**你的曠野**、**你的紅海**與**你的應許之地**。每一個人都有一片應許之地，也就是心中的願望，但是你已經被埃及人（你的負面思考）奴役了這麼久，讓應許之地看起來遠在天邊、好到不可能實現。

你認為信賴神是個風險很高的主意，曠野可能比埃及人更糟糕。再說，你又怎麼能確定應許之地真的存在呢（邏輯心智永遠在幫埃及人說話）？但遲早會有人對你說：「往前走！」那通常都是情勢，情勢會推著你前進。

我來說說一位朋友的例子。她是位非常傑出的鋼琴家，在國外成就斐然。她帶著一本貼滿剪報的本子，以及一顆愉悅的心回國。有位親戚對她有興趣，表示願意資助她舉辦巡迴音樂會。她們找了一名經理人，負責管理支出，並且處理她的預約事宜。在舉辦過一、兩場音樂會後，她就失去資金的奧援，因為經理人把錢都拿走了。

我的朋友進退維谷，陷入孤寂和絕望之中。她差不多就是在這個時候遇見了我。

她恨這個人，此事令她十分難受。她的經濟陷入困境，只能住在陰暗的小房間裏，房間很冷，讓她的手經常凍到無法練習。她確實已經被埃及人——憎恨、憤怒、匱乏和限制所奴役。

有人帶她來參加我的聚會，她和我說話，講出了自己的事。

我說：「首先，妳必須停止憎恨這個人。等到妳能夠原諒他的時候，成功就會回到妳的懷抱。妳要從原諒開始踏出第一步。」這看起來是個很艱鉅的命令，不過她試著照做，並且定期參加我的聚會。

這段期間內，她的親戚提出訴訟，想要把錢拿回來，但一段時間過去了，法庭始終沒有受理。之後，我的朋友受邀到加州去。她也不再受困境所擾，原諒了那個經理。

事隔四年左右，她突然收到法庭受理這個案件的通知。她在抵達紐約時前來拜訪我，要我說些有關正直和正義的話。他們在指定的時間到場，一切爭議都在庭外達成和解，那名經理答應按月歸還這筆錢。

她充滿欣喜地來找我，說：「我對他已經完全沒有絲毫憤怒了。他看到我誠心地向他打招呼，覺得非常驚訝。」她的親戚說要把所有的錢都交給她，讓她的銀行戶頭多了一大筆錢。現在，她很快就要到達她的應許之地了。

她離開了（憎恨和憤怒的）奴隸的屋子，跨越了她的紅海。她對那個經理的善意讓海水分開，使她能夠踏著乾地渡海。

乾地象徵在你腳下不可或缺的事物，腳則是象徵理解。

摩西是聖經歷史上最受到矚目的偉大人物之一。摩西的使命是要帶著族人離開埃及。他面臨的任務，不只是法老不願讓這批能帶來巨大利益的奴隸離開，他還得要鼓動這個在工頭的折磨下喪失積極進取精神的民族、讓他們公開反叛，而要滿足這個條件，需要過人的天才。

摩西不但擁有這樣的天才，還有自我犧牲和堅持自身信念的勇氣。自我犧牲！摩西被稱做最溫和的人，我們常常聽見「像摩西一樣溫順」這種說法。他對神的命令如此順從，而成為最堅強的人之一。

神對摩西說：「你舉手向海伸杖，把水分開。以色列人要下海中走乾地。」所以他毫不懷疑地對以色列人說：「往前走。」然後領著一大群人走進海中，深信他們絕對不會淹死，這是一件十分大膽的事。看哪，奇蹟發生了！「……耶和華便用大東風，使海水一夜退去，水便分開，海就成了乾地。」

說出供應真理的肯定句吧！

請記住，這在今天就可能發生在你身上。請想想你面對的問題。也許你成為法老（你的懷疑、恐懼和挫折感）的奴隸太久，失去了積極進取的精神。

此時，請對自己說：「往前走。」

「……耶和華便用大東風，使海水一夜退去，水便分開，海就成了乾地。」我們可以把強力的東風當成強烈的肯定語句。

請說出有關真理的重要肯定語句。如果你的問題是有關財務，請說：「我的供應來自神，祂將在恩典下，以完美的方式給我一大筆驚喜的財富。」這句話是好話，因為其中包含了奧祕的元素。

展現作為跨越你的侷限

我們都聽人說過，神會以**神祕的方式**履行祂的奇蹟——也可以說是令人驚奇的方式。現在，你已經說了有關供應的語句，你已經讓東風吹起了。所以，跨越你那片匱乏或侷限的紅海吧！跨越紅海的方式，就是展現出你實際的作為，表現出你並不懼怕。

我要告訴你我一個學生的故事。她受到邀請，要到一間非常時髦的避暑度假村去拜訪朋友。她長年住在鄉下，體型肥胖，只穿得下她的女童軍制服。

她突然接到邀請，這表示她必須穿著晚禮服、便鞋和配戴飾品，而她完全沒有這些行頭，也沒有錢採購。她來找我，我問她：「妳的預感如何？」

她回答：「我完全不怕。總之，我的預感告訴我該去一趟。」因此她勉強穿上外出服，啟程出發。到了朋友家，她受到熱情的招待，而女主人有些不好意思地說：「我這麼說或許會讓妳覺得不舒服，不過我在妳的房間裏，放了一些我從來沒穿過的晚禮服和便鞋。妳要不要試試看？」我的朋友向她保證自己會欣然從命，結果所有的衣物都非常合身！她真正走向她的紅海，踩著乾地橫越而過。

喚回你的成功潛能

紅海中的海水分開，我踏著乾地穿越，走進我的應許之地。

60秒開啟成功之門

1. 對自己說：「往前走！」
2. 說出有關真理的重要肯定句。
3. 展現實際作為，表現出你沒有任何恐懼，如此你就能跨越自己那片匱乏和侷限的紅海。
4. 不要憎恨，原諒是幸福的第一步。
5. 不要老是懷疑、恐懼、想著挫折感，這樣會導致你失去積極進取的精神，讓你不願意去夢想。
6. 別被舊有價值、邏輯所奴役。
7. 無窮的智慧會以神祕的方式履行奇蹟。
8. 情境會推著你向前進。

Chapter 8

思想力比知識更重要

——桃樂絲的快樂天堂——

複誦積極肯定的話語、加深思想的印象，就能發揮潛意識的奇蹟力量。

我設立守望的人照管你們，說：要聽角聲。

我們都必須在思想的大門口前設立一個守望者——**超意識心智**，而且事實上，我們都有權利選擇我們的思想。

用肯定句引導橫衝直撞的思想

雖然我們因為已經在人類的集體意識中生活了數千年，看起來幾乎是完全無法掌控思想；思緒在我們的心靈中魯莽地亂闖，像是橫衝直撞的牛或綿羊，但是只要有一隻牧羊犬，就可以控制那些受驚嚇的綿羊，引導牠們進入羊圈。

我在新聞短片中，看過一段牧羊犬控制羊群的影片。那隻牧羊犬已經把羊群都聚集在一起，只有三隻離群在外。這三隻綿羊拒不合作，怒氣沖沖，嘶吼著抬起前腳以示抗議，而牧羊犬只是坐在牠們面前，絲毫不移開視線地望著牠們，既沒有咆哮，也沒有恐嚇。

牠只是坐著，顯示牠的決心。沒過多久，綿羊就低下頭，進入了羊圈。

我們也可以學會用同樣的方式控制我們的思想：使用**溫和的決心**，而非使用力量。例如在心如野馬的時候，我們可以念誦肯定語句，並且不斷重複。因為即使我們不能永遠控制住我們的思緒，但我們可以控制我們的言詞，並以重複的方式加深思想的印象，這樣我們就能夠掌控情勢。

耶利米書的第六章中寫道：「我設立守望的人照管你們，說：要聽角聲。」你在生命中的成就與快樂，必須依靠為你的思想大門把關的守望人，因為你的思想總有一天會實際表露在外。

愈逃避，負面情境愈如影隨形

人們總認為只要逃離，就能擺脫負面的情境，但是不管走到哪裏，都會遇上同樣的情境。在學會自己的功課之前，人都會遭遇同樣的經驗。

電影《綠野仙蹤》（The Wizard of Oz）點出的正是這個想法：

小女孩桃樂絲感到非常不快樂，因為村子裏的壞女人想要帶走她的小狗托托。她絕望地找嬸嬸安姆和叔叔亨利分享心事，但是他們忙到沒有空聽她說話，要她「到別的地方去玩」。

她對托托說：「在天空的上面，有一個好地方，那裏每個人都很快樂，而且沒有壞人。」她是多麼想到那個地方去啊！

突然間，堪薩斯的龍捲風來襲，她和托托都被風高高吹到天空中，降落在歐茲國。雖然起初每件事看起來都十分美好，但是，她很快地就又遇上**同樣的老問題**。村裏的壞婆婆變成了壞女巫，仍舊想把托托從她身邊搶走。她好想回到堪薩斯哦……

有人要她去找歐茲國的巫師，因為這位巫師法力強大，能夠達成她的請求；於是她啟程去尋找巫師位於翡翠城的宮殿。

在路途之中，她遇到了稻草人，他因為沒有大腦而不快樂；之後她又遇上了一個錫做的人，他因為自己沒有心而不快樂；接下來她遇上一隻獅子，獅子因為自己沒有勇氣而不快樂。桃樂絲鼓舞他們說：「我們一起去找歐茲國的巫師吧，他會實現我們的願望。」也就是——給稻草人大腦，給錫人一顆心，給獅子勇氣。

他們一路多災多難——因為壞女巫決定抓住桃樂絲，從她身邊搶走托托，並奪走了保護她的紅寶石鞋子。最後，他們抵達了歐茲國巫師的翡翠城。

他們向人打聽，得到的回答卻是：從來沒有任何人曾經看過這位神祕地居住在城中宮殿裏的歐茲國巫師。終於，在善良的北方女巫幫助下，他們進入了宮殿，結果發現住在宮殿中的巫師，居然是桃樂絲在堪薩斯的老家鎮上的假魔術師！他們陷入絕望當中，因為大家的願望都無法實現了！

就在這時候，善良女巫向他們指出，他們其實都**已經得到**自己想要的東西了：稻草人在遭遇到的事件中，為了決定該採取什麼行動而使大腦成長；錫鐵人發現自己有了心，因為他愛桃樂絲；獅子則有了勇氣，因為在多次冒險中，牠必須表現出勇氣。

善良的北方女巫對桃樂絲說：「妳從這些經驗中學到了什麼？」桃樂絲回答：「我學到了我心中渴望的事物就在自己的鎮上，自己門前的院子裏。」於是善良女巫向她揮了揮手，她就回到了自己家裏。桃樂絲醒了過來，發現稻草人、錫鐵人和獅子都在她叔叔的田裏工作，他們都很高興她能夠回來。

這個故事告訴我們，如果你逃避問題，問題就會緊追著你不放。所以，不要被情勢左右。見怪不怪，其怪自敗。

有一條神祕的忽視法則：「這些事物都不能動搖我。」用現代的說法就是「這些事物都不能擾亂我」。

一旦你不再被擾亂，所有的干擾都會從外界消失——「在你的眼睛看見導師的時候，你的導師就會消失。」

留意每一個想法、每一字句

「我設立守望的人照管你們，說：要聽角聲。」號角是古時候用來吸引大家注意的樂器，要人留意勝利，留意命令。

只要了解思想和語言的重要性，就能養成留意每個想法、每個字句的習慣。

想像力是心靈的剪刀，不斷裁切出一段段的事件，送進你的生活中。很多人裁切出恐懼的影片，看著並非由神策劃的事物；但透過「**健全的眼睛**」，你看見的一切都是真理。你可以看透邪惡，知道隨之而來的會是好事：你可以將不公轉變為正義，表現出善意，讓表面上的敵人繳械。

神話中有一種叫做獨眼巨人的種族，住在西西里島。這些巨人只有一隻眼睛，

位於前額正中央；而想像的天賦正是位於前額（兩眼之間），這些虛構的巨人也源自於這個概念。事實上，當你擁有健全的眼睛，你就是巨人；這時你所有的想法無不具備建設性，每句話無不具備力量。

就讓這第三隻眼成為門口的守望者吧！

健全的內在之眼能使你忽略負面的表象

「眼睛就是身上的燈。你的眼睛若瞭亮，全身就光明。」有了健全的眼睛，你的身體會轉變為靈性的身體，按著神的樣式和形象【image】（想像【imagination】）造就了「身體電流」。清楚看見完美的計畫，能夠讓我們贖回這個世界：用我們內在的眼睛，看見這個世界的和平、富足與善意，所以我們「不可按外貌斷定是非，總要按公平斷定是非」。

「這國不舉刀攻擊那國；他們也不再學習戰事。」

神祕的忽視法則意味著：你不受負面的表象侵擾，你會堅定地抱持終將得勝的建設性思考——因為靈性法則能夠**超越**因果定律。

這是治療者或醫師在面對病患時必須抱持的心態——無視於匱乏、喪失或病痛的表象，帶來心靈、身體和事態上的改變。

且讓我引用耶利米書第三十一章。這段經文的基調是一種喜樂，描繪的是個人擺脫負面思考的景象——「日子必到，以法蓮山上守望的人必呼叫說：起來吧！我們可以上錫安，到耶和華——我們的神那裏去。」

門口的守望者不會打盹，也不會沉睡。那是「看照著以色列的眼睛」，但是生活在負面思考世界中的個人，並沒有意識到這內在的眼睛。他可能會偶爾靈光乍現，然後再度落回一片混沌的世界。

■查核語言和思想需要決心與永恆的警醒。

恐懼、失敗、憤怒和惡意的思想，都必須化解和驅逐。

所以，請記住以下這句話：「所有不是由上天播下的種子，都必須連根拔起。」這句話能夠讓你鮮明地想像花園中的雜草被拔起的畫面。而雜草被扔到一旁，便會因為缺乏土壤的滋養而乾枯。把注意力放在負面情緒上，就會滋養它們，請運用神祕的忽視法則，拒絕對這些情緒表示興趣。這樣一來，你很快就能餓死這些「異種生物大軍」。神的旨意會充滿你的意識，錯誤的想法會退去，你會只渴望神希望透過你達成的一切。

中國有句諺語說：「不在其位，不謀其政。」所以，把你的生命計畫交給在天上的計畫者，你會發現一切情況永遠完美無缺。

喚回你的成功潛能

我立足的土地是神聖之地。我現在在我生命的神聖計畫中迅速壯大，一切情況永遠完美無缺。

60秒開啟成功之門

1. 說肯定的語句，並用重複的方式加深潛意識的印象，這樣我們就能掌控情勢！
2. 說：「這些事物都不能動搖我。」見怪不怪，其怪自敗。
3. 留意每個想法、每個字句，查核語言和思想需要決心和永恆的警醒。
4. 不要深陷人類的集體意識（舊有觀念）。要醒覺，因為如果集體意識是不好的，那壞事可能會因此降臨。
5. 別逃離，一旦逃避問題，問題就會緊追著你不放。
6. 不要總是負面思考，這種人縱然可能偶爾靈光乍現，但最後還是會回到一片混沌的世界。
7. 靈性法則能夠超越因果定律。

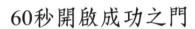

Chapter 9

有錢人想的就是不一樣

—廢物利用的窮婦人—

感覺自己很富有，看見自己很富有，相信自己很富有！

要將你的珍寶丟在塵土。

豐饒之路是條單行道。如老話說的：「你別無其他選擇。」不是朝匱乏前進，就是朝豐饒前進。因為擁有富裕意識和擁有貧窮意識所走的不是同一條心靈道路。

上天為**每個人**都規劃了豐盛的供應，只是富人取用了這份供應而窮人沒有。因為富裕的思考能夠產生富裕的條件；所以，只要改變你的思想，一切狀況都會在轉眼間改變。

有錢人想的都是財富

■因為你的世界是由想法、語言所具現出來的世界，而你遲早都會摘下你的語言和思想結出的果子。

「言詞是螺旋狀移動的物體或力量，會在時機成熟的時候回到發言者的生活之中。」所以，永遠在談論貧乏和限制的人，就會得到貧乏和限制；為生活哀歎的話，你就無法進入豐饒的國度。

我認識一個女人，總是被自己對財富的想法所限制。她老是拿舊衣服出來「廢物利用」，而不肯買新衣服。她小心翼翼地對待自己擁有的每一分錢，也總是建議丈夫不要花太多錢。她反覆地說：「我不想要任何我買不起的東西。」

她負擔不起太多花費，所以擁有的很少。突然間，她的世界整個變了。她的丈夫厭倦她嘮叨而侷限的思考，離開了她。她陷入絕望，直到有天碰巧讀到一本形而上學的書，這本書說明了思考和語言的力量，她終於了解自己所有不愉快的經驗，都是被錯誤的想法招來的。

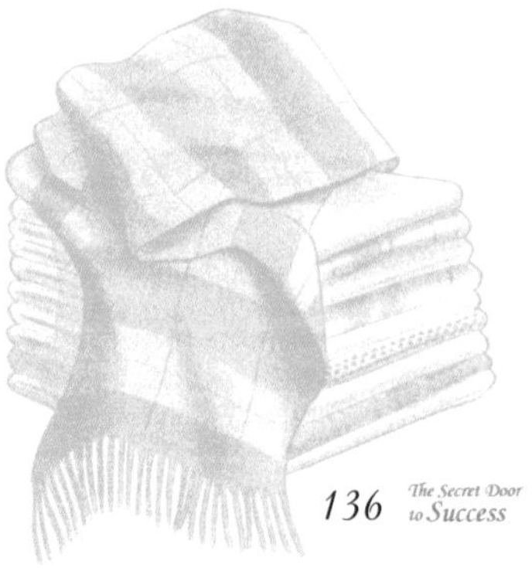

她對自己的錯誤開懷大笑，並決定好好利用這個教訓。她下定決心要驗證豐饒的定律。

她毫不畏懼地使用自己擁有的金錢，以顯示對看不見的供應的信心，她仰賴神作為富裕的來源。她再也不說貧乏和限制的語詞，而是一直讓自己在感覺上和外表上都顯得富足，她的老朋友都幾乎認不出她來了。她已經步上了豐饒的道路，她得到的金錢比以往都來得多。一扇前所未聞的門打開了，一條令人驚歎的管道暢通了。她在以往未曾受過相關專業訓練的工作崗位上，獲得了極大的成就。

她發現自己身在奇異的境地。這是怎麼發生的？她改變了自己語言和思考的本質。她讓神進入自己的信心中，進入自己的一切事務中。她多次面臨危急的時刻，但總是能得到供應，因為她下過了功夫，並且**毫不猶豫地感恩**。

對期盼的事讚美和感恩

有個人在電話中對我說：「我拚了命地在找工作。」

我回答：「不要拚了命地找，而要懷著讚美和感恩找工作，因為最偉大的形而上學家耶穌說，要懷著讚美和感恩祈禱。」

讚美和感恩能夠開啟門扉，因為盼望永遠能夠得勝。

小心不義之財

當然，定律不認人，只要懷有富裕的思想，即使不誠實的人也能夠吸引財富，但是，如莎士比亞說的「不義得來之物，永遠會導致不好的結果」，

它不會長久，也不會帶來幸福。我們只要看報紙，就知道犯罪的人路途艱難。這就是為什麼你必須正確地向萬有的供應者提出要求，並且依照**神授的權利**，在恩典下以完美的方式要求屬於你的東西。

上天的供應完美不缺

有些人會吸引財富，但卻無法保有財富。有時候他們是因為受到了財富的影響，有時候則是因為他們的恐懼和擔憂而失去財富。

在我的一門問答課程中，有個朋友告訴我一個故事：

在他的家鄉，有戶一直很貧窮的人家突然在後院裏鑽探到石油，這帶來了一大筆財富。後來這戶人家的父親加入了鄉村俱樂部去打高爾夫球，但是他已經不年輕了；這項運動超出他的負荷量，讓他在高爾夫球場上猝死。這場意外讓他們整個家庭都陷入恐懼。他們一致認為家族中可能有心臟疾病，於是全家人臥病在床，聘請專業護士監視他們的每一下心跳。

在人類的集體意識中，必定會擔憂某件事。這家人已經不再擔憂錢的事，所以他們轉而憂慮健康。

因為人類存有的舊觀念是「你不可能擁有一切」，如果擁有了這樣東西，就必定會失去另一樣東西，所以人們總是說：「好運不會長久。」「這好到不像真的。」然而，耶穌說過：「在世上（世界思想）你們有苦難，但你們可以放心，我已經勝了世界（思想）。」

在超意識（或是你內心的基督）之中，每一個需求都有豐盛的供應，你的好事完美無缺，永恆不滅。所以，「你若歸向全能者，從你帳棚中遠除不義，就必（在意識中）得建立；要將你的珍寶丟在塵土裏，將俄斐的黃金丟在溪河石頭之間；全能者就必為你的珍寶，作你的寶銀。」這是一幅多麼豐饒的景象！這就是「歸向（意識中的）全能者」的結果。

多加想像自己的可能性

只不過，對一般人（長期抱持有關貧乏的想法的人）來說，要建立富有的意識是很困難的事。

我有個學生曾經記著這句話，而吸引來巨大的成功：「我是王的女兒！我富有的父親現在會把他的富裕傾注在我身上。我是王的女兒！任何事物都要順我而行。」

許多人忍受左支右絀的環境，只是因為（心理上）太懶惰，懶得思考自身更多的**可能性**，但你必須擁有經濟自主的強烈欲望，必須感到自己很富有，必須看見自己很富有，必須不斷為富有做準備。

你應該像個小孩子一樣，相信自己很富有。如此一來，你就能夠將期望銘印在潛意識中。

■想像力是人的工作坊與心靈的剪刀，能夠不斷從生活中裁出一段段的事件！

超意識是**靈感**、**領悟**、**啟發**與**直覺**的國度，而直覺通常被當成預感。

我不會再因為使用預感（hunch）這個字而道歉了，現在這個字已經被列入最新版的韋氏字典中（我因為有預感而去查「預感」這個詞，果然就查到了）。

■超意識是理想概念的國度，偉大的天才能夠從超意識中捕捉想法。

「沒有異象（想像力），民就放肆。」當人們失去想像自己的好事的能力時，就會「放肆」（墮落）。

別只依賴看得見的供應

比較法文和英文的聖經譯本是一件很有趣的事。約伯記第二十二章的第二十一節寫道：「你要認識神，就得平安；福氣也必臨到你。」而法文的聖經則寫道：「將你自己與神連結，你就得到平安。這樣你就能享有喜樂。」第二十三節：「你若歸向全能者，從你帳棚中遠除不義，就必得建立。」法文譯本則寫道：「你若歸向全能者，讓不義遠遠離開你的住處，就會被重新建立。」第二十四節中我們可以看到嶄新而奇異的譯文，英文聖經寫道：「要將你的珍寶丟在塵土裏，將俄斐的黃金丟在溪河石頭之間。」法文聖經寫道：「將金塊丟在塵土中，將俄斐的金塊丟入一大片鵝卵石中，全能者就必作你的金塊、銀堆和財寶。」

這些都意味著，如果人完全依靠眼睛看得見的供應，那還不如捨棄這些，僅僅依靠全能者的金塊、銀堆和財富。我用一個朋友告訴我的故事當作例子。

一位神父造訪一座位於法國的修道院，那裏收養了許多孩童。

修道院的一位修女絕望地告訴這位神父說，他們沒有食物，孩子們得要挨餓了。她還說她們只剩下一塊銀幣（價值相當於四分之一美元），但不夠付他們所需要食物和衣服的總金額。

神父說：「把銀幣給我。」她把銀幣給了神父，然後神父把銀幣丟出窗外。

他說：「現在，請完全依靠神。」很快地，友人就帶著許多食物和贈送的金錢前來。

這並不代表你該丟棄你現有的金錢，但是請不要依靠這些錢，而要依靠看不見的供應，想像的寶庫。現在就讓我們將自己與神連結，得到平安。因為祂必作我們的金塊、銀堆和財寶。

喚回你的成功潛能

全能者的靈感必作我的金塊，作我的銀堆。

60秒開啟成功之門

1. 相信宇宙會供應你無窮的寶庫，毫不畏懼地使用自己所擁有的金錢。

2. 一定要有經濟自主的強烈欲望，並不斷為富有做準備、想像看不見的財富。

3. 請懷著感恩和讚美找工作、求金錢，才能開啟財富的門扉。

4. 切忌想像不義之財。不義之財雖然可能降臨，但不會長久，也不會帶來幸福。

5. 小心「你不可能擁有一切」的想法，如此一來，就算你吸引了財富，也無法保有財富。

6. 勿依賴自己看得見的金錢，而不想像看不見的財庫，這樣你無法得到更多。

Chapter 10

你一定會很富有

——自殺前的巨額遺產——

如果你想變成有錢人，卻老想著自己很貧窮，那你就一定會終生窮困。

耶和華是我的牧者，我必不至缺乏。

詩篇第二十三篇是諸篇中最有名的一篇，我們可以說這是聖經傳達之信息的基調。這一篇訴說的是，只要了解（或確信）耶和華是自己的牧者——了解無窮的智慧會供應你所有的需求，人就必定不至缺乏。

你必不至缺乏

如果你今天得到了這個信念，你此刻和未來的所有需求都將會得到滿足；你將可立刻從諸天的豐饒中，提取你渴望或需要的任何事物，因為你需要的已經向著你而去。

有一名女性突然了解到：「耶和華是我的牧者，我必不至缺乏。」她似乎接觸到她看不見的供給，感覺到自己超脫到時間與空間之外，再也不需要依靠外物了。

她最初的驗證是一件很小卻很必要的東西：她突然需要一些大型的紙夾，但卻沒有空到文具店購買。在想要尋找其他代替品時，她打開一個很少用的箱子，發現裏面放著大約一打大型紙夾，而她感覺到定律正發揮效果，並表示感謝。然後，一些必要的金錢也跟著出現，大大小小的物品都向著她而去。從那一刻開始，她始終依靠著這句話：「耶和華是我的牧者，我必不至缺乏。」

我們常聽到有人說：「我覺得向神要錢或要東西是不對的。」這是因為他們不了解這條創造原則就存在於每個人的內心——我們內心的天父。

事實上，屬靈的真義證明，上天就是你**每一天**的供給，而不是久久供應一次。

耶穌知道這條定律，無論祂想要或需要任何事物，都會立刻在祂的路途中出現，像是餅、魚，以及魚嘴中的錢幣。

一旦了解這一點，所有的貯藏和儲蓄都會消失無蹤，但這不代表你不應該在銀行存一大筆錢或投資，而是表示你不應該依靠這些，因為你一旦在某個地方失去，就會在其他地方獲得，也因為「你的倉庫該要堆滿，你的杯子也該要注滿」，而且是**永遠**如此。

和看不見的供應連線

那麼，我們該如何與自己看不見的供應建立連結呢？

念誦正中竅要的真理陳述，並且深入了解。這並不是少數被選中的人才能辦到的事，因為「凡求告耶和華名的就必得救」。耶和華是你的牧者、我的牧者、每個人的牧者。

神是致力於供應人之需求的無上智慧者，意思就是說，**人是神作為的展現**。耶穌說：「我與父原為一。」我們可以用另一種方式闡述這句話：「我和宇宙的偉大創造原則同為一體。」而人只有在與這條創造原則失去聯繫時才會匱乏。

所以，你必須完全相信創造原則，因為那是純粹的智慧，知道履行的方式，而邏輯心智和個人意志會造成短路。

■「相信我，我會讓它實現。」

一旦沒有外物可以仗恃，大多數人都會憂心忡忡、焦急如焚。

有個女人去看醫生，說：「我只是個貧窮的弱女子，除了神沒有任何後盾。」醫生說：「如果有神作妳的後盾，妳就用不著擔心！」因為——「天國能提供的一切都屬於妳。」

此外，曾經還有個女人打電話給我，幾乎是泫然欲泣地說：「我實在很擔心事業的狀況。」我回答她：「神的狀況仍然不變：耶和華是你的牧者，你必不至缺乏。」「如果一扇門關上，另一扇門就會開啟。」

有個非常成功的生意人，行事無不依照真理的方式。他說：「大多數人的問題在於：他們變得必須仰賴特定的情況；他們沒有足夠的想像力讓他們向前走，開啟新的管道。」

幾乎所有巨大的成功，都是建築在失敗之上。

我聽說埃德加・鮑根（Edgar Bergen）因為別人不想再演木偶戲，而失去了他在百老匯劇作中的角色。後來諾埃爾・考沃（Noel Coward）讓他上了魯迪・瓦利（Rudy Vallee）的廣播節目，使他和他的木偶查理・麥考西（Charlie McCarthy）一夕成名。

不要被黎明前的黑暗騙了！

讓我再舉一個例子，我曾在我的一次聚會中說過一個故事：

有個人實在是又窮又缺乏勇氣，因此他決定一死了之。結果，沒想到幾天之後寄來一封通知信函，說他繼承了一大筆遺產。當時，在我的聚會中有一個人說：「這意思是說，在你想要尋死的時候，距離好的成果出現就只剩下三天而已。」

沒錯！不要被黎明前的黑暗騙了。

偶爾看一次**日出**是件好事，你會深信那是多麼亙古不移的事物。這讓我想起幾年前的一次經驗。

我有個朋友住在布魯克林的展望公園（Prospect Park）附近，她喜歡做些不尋常的事。有天她對我說：「妳來找我，我們可以起個大早，一起去展望公園看日出。」起初我拒絕了，但接著我突然有陣預感，這會是很有趣的經驗。

時值夏日，我們——我朋友、朋友的小女兒和我——大約在四點起身。四下一片漆黑，不過我們壯著膽子走過街道，來到公園入口。幾名警察好奇地看著我們，但是我朋友光明正大地對他們說：「我們要去看日出。」這個答案似乎讓他們感到滿意。我們經過公園，走向美麗的玫瑰花園。

東方出現一條條淡粉紅色的光芒，然後我們突然聽見最驚天動地的吵嚷聲。我們附近有座動物園，所有動物都在迎接清晨。獅子和老虎大聲咆哮，鬣狗發出笑聲，另外還有尖叫聲和長嘯聲：每隻動物都有話要說，因為新的一天就近在眼前。

這確實是最令人歡欣鼓舞的一幕。光芒斜斜穿透樹木，一切事物都展露出迥異於平常的一面。然後，隨著天色漸明，我們的影子從後方轉到前方。這是嶄新的日子的黎明！

這美妙的黎明，會在經過一段黑暗時期之後，降臨到我們每個人身上。你的成功、快樂和豐饒的黎明必定會到來。

每一天都很重要，因為美妙的梵文詩寫道：「因此，請好好看顧這一天，這是對清晨的問候。」這一天中，神是你的牧者！這一天中，你必不至缺乏；因為你和偉大的創造原則殊無二致。

懷抱著信心和盼望說肯定句

詩篇第三十四篇也是一首有關安全的詩。開頭第一句是對神的稱頌：「我要時時稱頌耶和華；讚美他的話必常在我口中。」

「尋求耶和華的甚麼好處都不缺。」尋求耶和華代表人必須先有所作為。耶和華說，你們親近我，我就親近你們。

尋求神的方式就是說出肯定語句、期盼好事發生，並為好事做準備。但是，如果你要求成功，卻為失敗做準備，你就會得到你準備迎接的結果。

我在《健康、財富、愛與完美自我表現的人生祕密》中提過，有個人要我說句話，讓他免除所有的債務。在我照做之後，他說：「我現在正在想，如果沒有錢付給債主的話，我該怎麼向他們解釋。」

如果你對某種做法沒有信心，這種做法就不會有效，因為**信心**和**盼望**是以履行的畫面銘印在潛意識心靈之中。

詩篇第二十三篇中寫著：「他使我的靈魂甦醒。」

你的靈魂就是你的潛意識心靈，你必須以正確的念頭使其甦醒，因為你的任何深刻感受都會銘印在潛意識上，並顯現在你的事務中。

如果你深信自己是一個失敗者，那麼你就會成為失敗者，直到你將自己是成功者的信念，深深銘印在潛意識中為止，而銘印的方式就是使用「正中竅要」的肯定語句。

有位朋友在聚會中說，我曾經在她要離開房間時，向她說了一句話：「妳站立的土地是收穫的土地。」她身邊的一切原本平凡無趣，但是這句話讓她豁然開朗。她的耳中聽到「收穫的土地、收穫的土地」，好事和愉快的驚喜立刻開始找上她。

必須要說出肯定語句的原因，就是因為反覆念誦可**加深潛意識的印象**。一開始你無法控制你的思想，但是你可以控制你的語句——「因為要憑你的話定你為義，也要憑你的話定你有罪。」

■每一天，都要選擇正確的語詞、正確的思想！

善用想像力的寶庫

■想像的天賦就是創造的天賦：「生命的議題會由內心的想像衍生出來。」

我們擁有一切能夠取用的寶庫——想像力的寶庫。

所以，就讓我們想像自己富足、安康而快樂的樣子，想像我們的一切事務都循著天意而行吧！

但是，請把實現的道路方式留給無窮的智慧吧——因為「祂擁有你所不知道的武器」，祂擁有會讓你驚奇不已的管道。

詩篇第二十三篇中最重要的一段就是：「在我敵人面前，你為我擺設筵席。」

這代表著，即使你的懷疑、恐懼和憤怒讓你陷入受敵的窘境，也仍然會有一條為你準備的出路。

喚回你的成功潛能

耶和華是我的牧者，我永遠不至缺乏。

60秒開啟成功之門

1. 說：「我和宇宙的大創造原則同為一體。」相信自己就是宇宙運作的展現，所以你不會有所匱乏。
2. 每天清晨用積極的語言開啟每一天，好好看顧每一天——每天都很重要，都要選擇正確的語詞和思想。
3. 去看看日出吧，你會體會到，黎明終究會在一段黑暗時期之後降臨。
4. 不要以為「向神要錢或要東西是不對的」。宇宙是你每一天的供應，祈求財富並沒有錯。
5. 勿輕意放棄；幾乎所有巨大的成功，都建築在失敗之上，若你放棄，就是輸給黎明前的黑暗。
6. 不要過於仰賴外物和特定情況，這樣會讓你沒有足夠的想像力向前走、開啟新的管道。

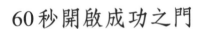

Chapter 11

懷著驚奇之心觀看

—鐵狗—

像個孩子一樣懷著驚奇觀看面前的事物，但請小心別活在過去的童年期！

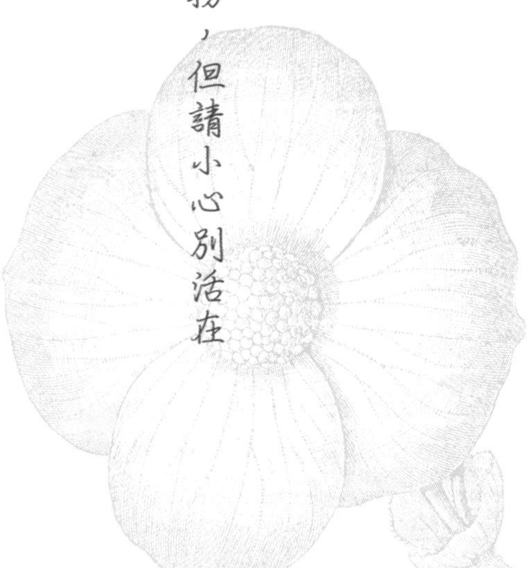

我要提說耶和華所行的；我要記念你古時的奇事。

聖經中多次用到「希奇」和「驚奇」這些詞彙。在字典中，驚奇這個詞的解釋是「引起驚訝的原因，驚愕，奇蹟，奇異」。

鄔斯賓斯基（P. D. Ouspensky，俄國哲學家）在他的著作《第三工具》（Tertium Organum）中，將四度空間的世界稱為「奇妙的世界」。他用數學的方式指出，一切條件都完美的國度確實存在，耶穌稱之為天國。我們可以說：「你們先尋求奇妙的世界，這些東西就必加給你們了。」但這只能透過**意識狀態**達成。

像孩子一樣快樂的期待

耶穌說，我們若要進天國，就必須變成「小孩子的樣式」。

小孩子總是處於快樂和驚奇的狀態中！

未來承諾著不可思議的好事。任何事都可能在一夕之間發生。史帝文生（Robert Louis Stevenson）在《兒童詩園》（A Child's Garden of Verses）中寫道：「世界上充滿了許許多多的事物，我相信我們都應該像國王一樣快樂。」所以，就讓我們懷著驚奇觀看我們面前的事物。我曾在《健康、財富、愛與完美自我表現的人生祕密》之中提過，這是很多年前別人送我的一句話。

我曾經錯失了某個機會，覺得自己應該更加注意好事的發生。

第二天，我在一大早說了這句話：「我要懷著驚奇觀看我面前的事物。」到了中午，電話響起，對方再度向我提議。這次我抓住了機會：我確實懷著驚奇觀看，因為我完全沒料到這個機會竟會再度降臨到我身上。

另外一次，在我的某場聚會中，有位朋友說這句話帶給她驚奇的結果。這句話中充滿了愉快期許的意識。

離開驚奇世界的大人

孩子們滿懷著**快樂的期待**，直到長大後，不快的經驗讓他們離開了驚奇世界。

讓我們回顧一下，回憶那些加諸在我們身上的消極想法：「先吃有斑點的蘋果。」「不要期待太高，這樣就不會失望。」「你的一生中不會擁有任何東西。」「童年是你最快樂的時候。」「沒有人知道未來會變成怎樣。」

這是怎樣的一個人生起步啊！

以下是某些我回憶早期童年得到的印象：

我在六歲的時候就有很深的責任感，我看著面前的世界時，不是懷著驚奇，而是帶著恐懼與懷疑（我覺得我現在比六歲時年輕多了）。我有一張差不多這時期拍攝的童年照片，照片中我手裏握著花，但表情卻是疲倦憂慮又毫無期盼，因為那時我已經離開了驚奇世界——

我已居住在現實世界，就如同長輩告訴我的，那是個遠離驚奇的地方。

活在這個年代的孩子真是得天獨厚，他們一出生就能獲得真理的教導。就算沒有人教他們真正的形而上學，空氣中也充滿了愉悅的期待。你可能成為雪莉．登波（Shirley Temple）或費雷迪．巴塞洛謬（Freddy Bartholomew）這樣的童星，或是六歲就成為偉大的鋼琴手，舉辦巡迴演奏會。

開始留意奇蹟

我們現在都回到了驚奇世界，在這裏任何事都可能在一夜之間發生，因為奇蹟來臨時可是迅雷不及掩耳！所以，就讓我們開始留意奇蹟：為奇蹟作準備，期待奇蹟到來，這樣我們就能邀請奇蹟進入我們的生活中。也許你需要一筆奇蹟似的資助，而每一個需求都會得到供應。

■我們可以透過積極的信念、言語和直覺，釋放看不見的供應。

我的一個學生發現自己的錢幾乎用盡，但她需要用到一千美元。

她曾經十分有錢，也擁有很多美麗的物品，然而現在只剩下一件貂皮披肩，卻沒有任何皮草商人會出高價買下它，於是我說：「這條披肩會以合理的價格賣給適當的人，或是供應會以其他方式到來。」雖然這筆錢必須立刻出現，但她沒有時間也沒有理由擔心。

她在街上說出了肯定句。那天正吹著狂風暴雨，她對自己說：「我要搭乘計程車，表現我對看不見的供給之積極信念。」這是個非常強烈的預感。她出去搭乘計程車，在抵達目的地時，看到有個女人站在那裏，等著要搭這輛車。

那是她的老朋友，一個非常非常好的人，這是她有生以來第一次搭計程車，因為她的勞斯萊斯下午拋錨了。她們聊了一陣子，我的朋友告訴她那條貂皮披肩的事。她的朋友說：「居然有這種事？我出一千元向妳買下它。」當天下午她就拿到了支票。

■神的方法巧妙，祂的方式明確。

另外有一次，有個學生寫信給我，告訴我她使用了這個句子——「神的方法巧妙，祂的方式明確。」

結果，由於一連串預料之外的接觸，實現了她一直渴望的情況。她懷著驚奇看待這定律的做工。

我們經常能夠在「一瞬間」驗證這個定律。因為在神心中，一切都以驚人的準確度定好了時間。

當我的學生（那個賣掉披肩得到一千美元的學生）走下計程車時，她的朋友正好就停下腳步準備要上車。

若是她稍晚了一秒，她朋友很可能就攔下另一輛計程車了。

人該做的就是提高警覺，留意自己的指引和預感，因為直覺的魔法路徑就是他渴望或需要的一切。

神奇的事會「再度」發生

在莫爾頓（Moulton）的《現代讀者聖經》（Modern Reader's Bible）中，詩篇被視為完美的抒情詩作：「在歌詞最精華的音樂冥想中，找不到比這虔誠的靈魂更高的領域，能夠提升自己以服侍神，並且強烈表現出活躍而深思的生活各面向。」詩篇也是人生的記錄，我在此摘錄詩篇第七十七篇，因為其中描繪了一個絕望的人，在向神祈求奇蹟之後，又恢復了他的信心和堅定。

「我要向神發聲呼求，我向神發聲，他必留心聽我。

我在患難之日尋求主，我的心不肯受安慰。……

難道主要永遠丟棄我，不再施恩嗎？……
難道神忘記開恩，因發怒就止住他的慈悲嗎？
我便說：這是我的懦弱，但我要追念至高者顯出右手之年代。
我要提說耶和華所行的；我要記念你古時的奇事。……
我也要思想你的經營，默念你的作為。
神啊，你的作為是潔淨的；有何神大如神呢？
你是行奇事的神。……
你曾用你的膀臂贖了你的民。」

這是一般真理學習者在遇到問題時都會經歷的景象。他們會被懷疑、恐懼和失望的想法攻擊，然後，他們意識中就會閃過一些真理的語句——「神的方法巧妙，祂的方式明確。」他們會記起其他已經克服的難關，於是重拾對神的信心。他們會想：「神以前做過什麼，以後祂也會為我做同樣的事，而且做得更多！」

我朋友說：「如果我不相信神能夠解決我的問題，我可能會非常愚昧。過去神奇的事曾經在我身上發生過那麼多次，我知道這樣的事會再度發生！」

總結來說，詩篇第七十七篇的含意就是：「神以前做過什麼，現在祂也會為我做同樣的事，而且做得更多！」在你想起過去的成功、快樂和財富時，說出上面這段話是件好事。你失去的一切都是因為自己**徒勞的想像**，害怕失去的恐懼溜進了你的意識中；你背著擔子，加入征戰；你追究道理，而非堅持著直覺的魔法道路。但就在眨眼之間，一切都會回到你的懷抱，正如同東方人所說的──「阿拉曾賜予的絕不會減少。」

懷抱赤子之心，而非耽溺童年

現在，為了回到像小孩子一樣的意識狀態，你應該要充滿驚奇，但請小心別活在過去的童年期。我認識一些只回想童年快樂日子的人：他們記得自己穿過什麼衣服！天空無比的藍，草地無比的綠……但他們也因此錯失了**當下**美妙的機會。

我要說一個我朋友的有趣故事，她很小的時候住在小鎮裏，後來搬到別的城市。她總是回憶著他們最初居住的房子，對她來說，那是座令人神往的殿堂，廣大、寬敞又引人入勝。

多年後，她已經長大，又有機會造訪那棟房子。她的回憶幻滅了，那房子狹小、悶塞又難看。她的美麗印象完全轉變了，因為前院裏擺著一隻鐵做的狗。就算回到過去，一切也不再相同了；所以在這位朋友家中，他們把活在過去一事稱為「鐵狗」。

她姊姊則告訴我一件她的「鐵狗」案例：她十六歲時曾在國外遇到一位風

采出眾的浪漫青年男子，他是個藝術家。雖然這段戀情並不長久，但她經常對後來的夫婿描述這段故事。

多年後，這位風采出眾的浪漫青年男子成了一位知名的藝術家，來到這個地方開畫展。我的朋友興奮不已，想找他再續先前的友誼。她去參加他的畫展，結果走進來一位發福的生意人——當年浪漫青年的風采早已蕩然無存！她把這件事告訴丈夫時，他只說了一句：「鐵狗。」

請記住，現在就是約定的時刻！今天就是約定的日子！你的好事可以在一夕之間發生。請懷著**驚奇**觀看你面前的事物！我們都充滿了神的期待：「那些年所吃的，我要補還你們。」

現在每個人都想一下看似難以達成的好事吧！這可能是**健康**、**財富**、**快樂**或**完**

美的自我表現能力。請別設想你的好事會用什麼方式達成，你只要感謝你已經在看不見的平面上獲得的事物，「因此向目標前進的腳步也是踏實的。」只要警醒地留意直覺的指引，你就會發現自己突然間身在應許之地。

喚回你的成功潛能

我要懷著驚奇觀看我面前的事物。

60秒開啟成功之門

1. 懷著驚奇觀看面前的事物，你會回到驚奇的世界。
2. 為奇蹟做準備、期待奇蹟的到來，這樣你就會邀請奇蹟進入自己的生活。
3. 回想過去的成功、財富、快樂，記起自己以前是如何克服難關，相信並表現出這些都會重回你的懷抱。
4. 不要老是說：「還是小時候最快樂」、「沒有人知道未來會變成怎樣」，這樣想，你的人生起步就失敗了！
5. 不要老想著過去、只活在快樂童年期，這樣反而會錯失當下的美妙機會。
6. 別害怕失去，認為「不要期望太高，這樣就不會失望」。
7. 提高警覺，留意你的預感和指引。

Chapter 12

抓住你的好事

—想要翅膀的魚—

鳥不是因為有翅膀而會飛，而是因為想飛才擁有翅膀。

他們尚未求告，我就應允；正說話的時候，我就垂聽。

快抓住你的好事！這是表現「他們尚未求告，我就應允」的新方法。你的好事會走在你前面，比你早一步到達。但是要如何才能抓住好事呢？你必須有一雙聽得見的耳朵、看得見的眼睛，否則好事就會離你而去。

勿落入懶散的心靈狀態

有的人一生中從未抓住自己的好事，他們會說：「我這輩子窮途潦倒，沒有交上任何好運過。」他們在自己的機會前沉睡，或是因為懶惰而沒有抓住過好事。

有個女人告訴一群朋友，她已經三天沒有吃東西了。朋友們急忙向人打聽，想為她找工作，但是她拒絕了。她說她不睡到十二點絕不起床，她喜歡躺在床上看雜誌。其實，她只是想要有人在她閱讀《時尚雜誌》（Vogue）和《哈潑時尚》（Harper's Bazaar）的時候支持她而已。

我們必須小心，不要落入懶散的心靈狀態中。

請念誦這個肯定語句：「我警醒地注意著我的好事，絕不放過任何機會。」因為好事來臨時，大多數人都只是懵懵懂懂而已。

我有個學生告訴我：「如果不遵從我的預感，我一定會陷入困境。」

你的渴望可以決定得到什麼指引

我要說一個我的學生的故事，她遵循直覺的指引，得到令人驚歎的成果。

她受人所託，要到附近的城鎮去拜訪朋友，但她的手頭並不寬裕，而在到達目的地時，卻發現屋子大門深鎖，朋友全家出門去了。

她滿心沮喪，然後開始禱告，她說：「無窮的智慧，請給我明確的指引，讓我知道該怎麼辦！」

此時，某間飯店的名字在她的意識中閃過，而且反覆出現。這名字是以大寫字母拼成，看起來相當醒目。

她的錢正好夠她回到紐約，抵達這間飯店。

在她正要走進飯店時，突然出現一位老友，熱誠地向她打招呼，她已經有好幾年沒有見到這位朋友了。朋友解釋說，自己住在這間飯店裏，但是將要離

開幾個月，然後補上一句：「妳要不要在我離開的時候住在我的套房裏？這樣妳一毛錢都不用出。」我那位友人感激地接受了，並為屬靈定律的作工感到驚訝不已。她因為聽從直覺，而抓住了她的好運。

■一切前進的事物都是被**渴望**所推動。

今日的科學又開始回到拉馬克（Lamarck，法國博物學家）和他的「心願使然」理論這邊——鳥並非擁有翅膀而會飛，而是鳥想飛所以才擁有翅膀，這是「情感心願的推動力」的結果。

直覺可以節省錯誤的人力和成本

請在心裏用清晰的畫面，想像思維無可抗拒的力量。

很多人大部分的時間都如墜霧中，做出錯誤的決定、走上錯誤的道路。

在耶誕節的禮物搶購潮中，我的女傭問一名大型商店的售貨小姐：「我想這一定是你們最忙碌的日子。」她回答：「噢，不是！耶誕節之後那天才是我們最忙碌的日子，因為大部分的東西都會被拿回來退貨。」

數以百計的人選擇了錯誤的禮物，因為他們沒有聆聽直覺的指引。

■無論你在做什麼，都請尋求指引。這樣可以節省時間和精力，而且常可免去人生的不幸。

■所有的苦難，都來自於違背直覺。除非出自直覺的手，否則一切努力都將徒勞無功。

■應該培養使用預感的習慣，這樣你就會永遠走在魔法的路徑上。

渴望所實現的是早已成真的事實

「他們尚未求告，我就應允；正說話的時候，我就垂聽。」與屬靈的定律共事時，我們實現的是**早已成真的事**，它們原本即以概念的形式存在於宇宙意識中，之後才因真誠的渴望而具現於外界。例如，鳥的概念已經完美無缺地存在於神心中，然後，有些魚捕捉到這個概念，渴望自己變成鳥。

你的渴望是否讓你多了對翅膀？我們都應該讓某些看似不可能的事實現。我有一句肯定語句是：「出乎意料的事會發生，我看似不可能的好事現在就要實現。」

■不要把阻礙看得很大，而是要把上天——也就是神的力量看得很大。

不要一直關注負面的表象

一般人總會陷入讓好事無法實現的阻礙和困難之中，因為你會「和你關注的事物連結在一起」，所以如果你不斷地注意阻礙和困難，它們就會變得愈來愈糟。

因此，請不斷地注意神，請（面向著一切阻礙）靜靜地說：「神的方法巧妙，祂的方式明確。」

神的力量所向披靡（雖然無影無形），「你求告我，我就應允你，並將你所不知道、又大又難的事指示你。」

我們在驗證好事的時候，必須注意不被負面的外表所惑——「不可按外貌斷定是非。」

請說一些能夠帶給你**確定感**的肯定語句：「神寬闊的臂膀能夠伸得比人和各種情勢更遠，控制這個場面，保護我的利益！」

曾經，我被要求去為一個「即將與顯然心術不正者進行商務訪談」的人說一些話。

我使用了這句話：「正直和公益果然在會談中得到伸張。」結果果然一如我所說的。

你的渴求必須符合神授權利屬於你的

我們都聽過這段引自箴言的話：「所盼望的遲延未得，令人心憂；所願意的臨到，卻是生命樹。」

在誠心（而不憂慮）的等待中，我們將會抓住想要的事物，接著渴望就會在現實中具體成形。

「我會把你心裏正確的心願賜給你。」自私的期望、傷害他人的期望，永遠會回過頭來傷害期望者，但是，你可以呼求正確的心願得到來自無窮的迴響——

那是原本就存在於神心中的完美概念。

所有的發明者都是抓住了他們發明的物品的概念。我在《健康、財富、愛與完美自我表現的人生祕密》之中說過，電話的發明自己找上了貝爾。另外，我們經常可看到兩個人在同一時間發明出相同的東西。他們都掌握到了相同的概念。

■生命中最重要的事就是要**實現神聖計畫**。

就如同橡實中已有了橡樹的樣貌，你生命的神聖計畫也存在於你的超意識心靈中；你必須在你身邊的事物中，找出完美的模式，如此，你就能過著神奇的生活——因為在神聖的設計中，一切情況永遠完美。

不過，當人們在好事面前沉睡時，往往就會對神聖計畫拒不合作——

也許我們之前提過的那個喜歡大半天躺在床上看雜誌的女人，其實應該要為雜誌寫稿才對，但是她懶惰的習慣，卻拖住了所有心願前進的腳步；另一方面，渴望有翅膀的魚則會隨時警醒、生氣蓬勃，而非一直躺在海底的床上，閱讀《時尚雜誌》和《哈潑時尚》來消磨日子。

沉睡的人啊，醒過來吧，抓住你的好事！「你求告我，我就應允你，並將你所不知道、又大又難的事指示你。」

喚回你的成功潛能

現在我會抓住我的好事，因為我還未呼求，就獲得應允。

60秒開啟成功之門

1. 隨時抱持著一雙聽得見的耳朵和看得見的眼睛，警醒地注意自己的好事——好事本來就在那裏，請不要放過任何機會。
2. 凡事尋求直覺的指引，這樣既省時又省力，還可以避免人生的不幸。
3. 培養使用預感的習慣——請在心裏用清晰的畫面，想像思維無可抗拒的力量。
4. 不要老是把阻礙看得很大、很嚴重！
5. 切忌自私的期望、傷害人的期望，這些願望往往會回過頭來傷害許願的人。
6. 勿懶散成性。
7. 一切都是被「渴望」推進。

Chapter 13

奇蹟一直都在

——沙漠中的江河——

如果你身上沒有發生任何奇蹟，代表你仍在沉睡、對好事一無所覺。

看哪，我要做一件新事；如今要發現，你們豈不知道嗎？我必在曠野開道路，在沙漠開江河。

無上智慧者擁有難以抵禦的威力，並會在人們陷入困境之際前來拯救；無論情勢看來多麼難以挽回，無窮的智慧都知道如何走出迷津。

與神的能力同在，人就變得超然獨立、卓絕群倫。讓我們來了解一下這種可以在任何時刻呼喚的**隱藏力量**。只要接觸無窮的智慧（內在的神），一切邪惡的顯現都將煙消雲散，因為這些邪惡是來自人「徒然的想像」。

用正確的字眼連結無上智慧的力量

在我的問答課堂上，或許有人會問我：「你要如何有意識地與這股所向披

靡的力量建立連結？」我這麼回答：「藉由你說的話。」「因為要憑你的話定你為義。」

■百夫長向耶穌說：「只要你說一句話，我的僕人就必好了。」

「凡求告主名的就必得救。」

請注意「求告」這個詞：在你為真理仗義執言時，就是在求告神或律法。我總是說，你要記取那些「正中竅要」的句子，也就是能帶給你安全感的句子。

人總是為「欠缺」的概念所困：欠缺愛、欠缺金錢、欠缺同伴、欠缺健康，諸如此類。「阻礙」和「不完美」的想法束縛了他們，他們沉醉在亞當的夢中：亞當（一介凡人）吃下了「幻境之樹」的果實，看見「善」和「惡」這兩種力量。

必要時向人求助

基督的使命是喚醒眾人，讓我們了解一種大能，也就是神的真理。「你這睡著的人當醒過來。」如果你身上沒有發生任何好事，那就代表你仍在沉睡，對好事一無所覺。

在人類集體意識中深深沉眠了數百年之後，究竟該如何從亞當那對立的夢境中醒來呢？

耶穌說：「若是你們中間有兩個人在地上同心合意地求甚麼事，我在天上的父必為他們成全。」

這是**同心**的律法。

■你幾乎不可能清楚看見自己身上的好事，這就是你為何需要治療者、醫師或朋友的原因。

許多成功的男士都說，他們成功的原因在於妻子對他們的信任。

我要在此引用近日報章上報導的華特．克萊斯勒（Walter P. Chrysler）對妻子的感謝辭。

他曾經說過：「這些年來，在我的生活中，沒有任何事物比我太太自始對我的信任，帶給我更多的滿足感。」在這篇文章裏，他寫道：「我覺得除了戴拉，我沒有辦法讓任何人知道我胸懷雄心壯志。我可以告訴她這些想法，她也會點頭同意。我甚至敢告訴她，我希望自己有一天成為技工領班。」她始終支持著他的企圖心。

最好盡量少談自己的事，而且只對會支持你、鼓舞你的人傾訴。這世界充滿了潑冷水的傢伙，告訴你「這不會成功」、「你太好高騖遠」的人。

依據直覺的指引下決定

對於面對或事奉真理的人，只要一句話或一個想法，經常就能在曠野開出道路。聖經中當然也提到了意識的狀態。

你身在曠野或荒地中，失去了平靜——你感到憤怒、憎恨、恐懼或倉皇無措，而優柔寡斷、無法下定決心也是健康的大敵。

有一天我搭乘公車時，有個女人把車攔下，詢問車掌這輛車的目的地是什麼地方。

車掌回答了她，但是她猶豫不決，半個身子上了車，然後又下去，然後又上來。

車掌轉向她，對她說：「小姐，請下定決心！」

這句話對許多人都適用：「小姐們，請下定決心！」

■依靠直覺的人絕不會舉棋不定：他們有自己的指引和預感，大膽向前走，知道自己身在魔法的路途上。

在真理中，我們永遠會為了瞭解該做些什麼，而尋求明確的指引。

指引有時來自直覺，有時來自外在。

我有一個叫做艾達的學生，她走在街上，猶豫著該不該到某個地方去，於是她尋求指引。這時有兩個女人走在她前面，其中一人轉頭對另一個人說：「艾達，妳怎麼不去呢？」——那個女人正好也叫做艾達。

我朋友把這視為明確的指引，於是向著目的地前進，結果非常成功。

我們確實過著**魔法的生活**，每一步都受到指引、受到供應，只要我們願意張開耳朵聽，張開眼睛看。當然，我們已經離開了機巧的平面，轉向**超意識**、向**內在的神**汲取所需。神說：「這是正路，要行在其間。」

活在當下，警醒地把握機會

你該知道的一切，都會向你揭示。你欠缺的一切，都會提供給你！

「耶和華這樣說。耶和華在滄海中開道，在大水中開路。」

「你們不要記念從前的事，也不要思想古時的事。」

一直活在過去的人，容易與現在的美好斷絕了聯繫——神只知道**現在**：現在就是約定的時刻、今天就是約定的日子。

很多人過著限制、囤積、儲蓄的生活，唯恐使用到自己擁有的東西。這會為他們帶來更多欠缺和限制。

我舉一個住在小鄉鎮的女人為例：

她視力很差，無法四處走動，而且相當窮困。有個好心的朋友帶她去看眼

科醫生，又送了她一副眼鏡，讓她恢復完美的視力。過了一陣子，那位朋友在街上遇見她，卻看到她沒有配戴眼鏡而驚訝地大叫：「妳怎麼不戴眼鏡？」

這女人回答：「妳也不希望我天天戴著眼鏡，把它用舊了吧？我只有星期日才戴眼鏡。」

■你必須活在當下，警醒地把握自己的機會。

注意你的天命

「看哪！我要作一件新的事；現在它要發生了，難道你們還不知道嗎？我要在曠野開一條道路，在荒地開挖江河。」這段信息是要傳達給個人：請你想想你的問題，並且要知道，無窮的智慧知道履行的方法。

我說「方法」是因為你在呼求之前就會得到應允。

■ 供應永遠會比需求早一步。

■ 神是給予者，也是禮物，祂現在自行建立了令人驚歎的管道。

在你要求生命中的神聖計畫顯現的時候，就會**受到保護**，使你不會得到不屬於神聖計畫中的事物。

你原本可能會認為自己所有的快樂都寄託在能否得到生命中的某樣東西上，後來卻又感謝神沒有讓你得到那樣東西；有時你會嘗試遵從邏輯心智，與你直覺的指引爭辯，但是很快地命運之手就會把你推回正確的位置——你會發現自己在恩典之下又回到了魔法的路徑上。

現在，你應該警醒地注意著自己的好事——
你有耳朵能聽見（你的直覺指引），有眼睛能看見實現的大道。

喚回你的成功潛能

我內在的天賦擺脫了所有束縛。現在我要實現我的命運。

60秒開啟成功之門

1. 尋求他人（治療者、導師、好朋友等）的協助，他們可以幫你發現自己身上的好事。
2. 要傾訴自己的事時，請找會支持你、鼓舞你的人——這世界潑冷水的傢伙太多了！
3. 活在當下，警醒地把握自己的機會。
4. 不要看到人就拉著談自己的事！
5. 不要害怕使用到自己所擁有的東西，這會為你的生活帶來更多的欠缺和限制。
6. 勿優柔寡斷——你如果會舉棋不定，那就表示你沒有明確的指引和預感。
7. 多記取、念誦能夠帶給你安全感的句子。

Chapter 14

—白雪公主與七矮人—

打破負面思考的牢籠

每個人身邊都有殘酷的繼母，她就是你在潛意識中建立的負面思想。

王子突然出現了，他親吻了白雪公主，讓她重獲新生。他們結了婚，永遠過著幸福快樂的生活。

有人希望我用形而上的方式來詮釋格林童話的「白雪公主與七矮人」。拜華德・迪士尼（Walt Disney）的才華之賜，這部動畫電影，一則童話，令人驚歎地風靡了世故的紐約以及整個美國。

童話通常被視為寫給小孩子看的故事，但是電影院中卻擠滿了成年男女。這是因為童話源自波斯、印度和埃及的古老傳說，而這些傳說都是以事實為基礎。

人難免會有負面思考

白雪是一名小公主，她有個殘酷的繼母，對她十分嫉妒。

殘酷的繼母同樣也出現在「灰姑娘」的故事中。每個人都會有個殘酷的繼母——這個殘酷的繼母就是你在潛意識中建立起的負面思考型態。白雪公主的殘酷繼母嫉妒她，讓她永遠穿著破爛的衣服，待在不起眼的角落——所有殘酷的思考型態都有這種本領。

殘酷的繼母每天都會向魔鏡詢問：「牆上的魔鏡啊，誰是世上最美麗的女人啊？」

有一天魔鏡回答：「我的皇后，願妳長保美貌，但是白雪公主遠比任何人都美麗。」

這激怒了皇后，讓她決定派侍從把白雪公主帶到森林裏殺害。但是，白雪公主的求饒讓侍從心軟，於是他把白雪公主留在森林裏。

指引你方向的直覺

森林中充滿了恐怖的動物，以及許多陷阱和危險。白雪公主徹底陷入恐慌，就在這時候，一件最奇妙的事自行發生了。

最令人欣喜的小動物和小鳥成群出現，無聲無息地接近她、簇擁著她，有兔子、松鼠、鹿、水獺、浣熊等等。她睜開雙眼，快樂地問候牠們。

這些動物既友善又吸引人。她向牠們訴說自己的事，然後動物們帶著她來到一間小房子，讓她在此居住。

這些友善的飛鳥走獸象徵著直覺的指引或預感，隨時能帶領你「離開森林」。

冥冥之中的守護

那間小屋，原來是七矮人的家，屋子裏到處凌亂不堪。因此，白雪公主和她的動物朋友開始一起打掃這間屋子。松鼠們用尾巴抹去灰塵，小鳥們則幫忙提起物品，還裝上了小鹿的角做成的帽架呢！

當七矮人完成挖掘金礦的工作回到家裏，他們發現家中的改變，最後找到睡在一張床上的白雪公主。

到了早晨，白雪公主說出自己的身世，然後留下來為他們操持家務和烹煮餐點，並且感到十分愉快。

七矮人象徵著一切保護我們的力量。

打破思維，實現你的神聖設計

就在這時候，殘酷的繼母詢問魔鏡，而魔鏡回答：「越過層層山丘，在一處翠綠的樹蔭下，有一棟七矮人居住的小屋，白雪公主就躲藏在那裏，而她比妳還要美麗許多。」這激怒了皇后。皇后變裝為年老的巫婆，帶著有毒的蘋果，啟程去尋找白雪公主。

她在七矮人的屋子裏找到白雪公主，用碩大而甜美的紅蘋果引誘她。那些鳥獸努力想要告訴白雪公主別碰這顆蘋果；牠們試著提醒她，阻止她吃下蘋果。動物們沮喪地四處奔跑，但是白雪公主抗拒不了蘋果的誘惑，咬了一口，然後倒地不起，宛如死去一般。小鳥和小動物全員出動，帶著七矮人回來搶救白雪公主，不過卻遲了一步，白雪公主躺在地上，毫無生命跡象。他們全都哀傷地鞠躬行禮。

此時王子突然出現了，他親吻了白雪公主，讓她重獲新生。他們結了婚，永遠過著幸福快樂的生活，而殘忍的繼母皇后，則被巨大的暴風吹走。

舊有的思想型態永遠解體、消失，王子象徵著你生命中的神聖計畫，當神聖計畫把你喚醒，你就會永遠過著快樂的生活。

這就是讓紐約和全國都為之著迷的童話故事。

請找出你的殘酷繼母在你潛意識中肆虐的方式。那就是在你所有大小事中都軋上一角的某些負面信念。

舉例來說，有人會說「發生在我身上的好事總是來得太晚」或「我錯過了好多機會」，我們必須扭轉這種想法，反覆告訴自己：「我密切注意著發生在我身上的好事，我不會放過任何機會。」我們必須把殘酷繼母令人不愉快的建議逐出腦海。

若想免於這些負面思考型態的自由，代價就是永恆的警醒。

喚回你的成功潛能

我的白馬王子吻醒了我，現在殘酷的繼母不會再影響我。

60秒開啟成功之門

1. 醒覺自己生活中所有大事小事都軋上一角的負面信念。
2. 無時無刻都要警醒自己是否有負面的想法。
3. 相信沒有任何事能夠阻礙自己完美人生的呈現，肯定地告訴自己不會放過任何好事的機會。
4. 勿老是碎碎念著：「好事總是來得太晚！」
5. 不要埋怨自己錯過了好多機會。
6. 找到你生命中的神聖計畫。
7. 永恆的警覺吧！

成功一輩子的肯定句

祈求度過困境的堅強信念

- 現在，我的燈裏裝滿了信念和滿足的油。
- 任何事物都不能動搖我的心念。
- 神寬闊的臂膀能夠伸得比人和各種情勢更遠，控制這個場面，保護我的利益。
- 紅海中的海水分開，我踏著乾地穿越，走進我的應許之地。
- 往前走。
- 神會在我走投無路時開創出道路。
- 如果一扇門關上，另一扇門就會開啟。

- 你使我比仇敵（如懷疑、不安、恐懼……）更有智慧。

祈求把握機會的能力

- 我要懷著驚奇觀看我面前的事物。
- 現在我會抓住我的好事，因為我還未呼求，就獲得應允。
- 我密切注意著發生在我身上的好事，不會放過任何機會。

祈求財富

- 我感謝在恩典下，以完美的方式為我設計、提供我資助的旅程。
- 我呼喚累積的法則。我的供應來自神，祂以恩典為我斟滿杯子，為我堆滿倉庫。
- 我有一個屬靈的魔法錢包，裏面的錢絕對不會用完。錢一旦用掉，

就會立刻補充。這個錢包永遠裝得滿滿的，在恩典之下，以完美的方式，裝滿了豐饒。

- 全能者的靈感必作我的金塊，作我的銀堆。
- 我將在恩典下，以完美的方式獲得一大筆驚喜的財富。
- 我是王的女兒（兒子）！我富有的父親現在會把他的富裕傾注在我身上。我是王的女兒（兒子）！任何事物都要順我而行。

祈求好事

- 困乏和延遲的城牆現在就要倒下，我將在恩典下進入應許之地。
- 出乎意料的好事會發生，我看似不可能的好事現在就要實現。
- 我無法遠離送禮的神，因此我無法遠離神這份禮物。這份禮物就是活生生的神。
- 沒有什麼事好到不可能成真，沒有什麼事美妙到不可能發生，沒有什麼事好到不能成為永恆。

・現在就是約定的時刻。今天就是驚奇的好運降臨的日子。

・我站立的土地是收穫的土地。

・世界上充滿了許許多多的事物，我相信我們都應該像國王一樣富有、快樂。

・上天為其他人做了什麼，現在祂也會為我做同樣的事，而且會為我做得更多。

・現在我期盼令人歡欣的好事以出乎意料的方式實現。

祈求完美自我的表現

・我立足的土地是神聖之地。我現在在我生命的神聖計畫中迅速壯大，一切情況永遠完美無缺。

・我內在的天賦擺脫了所有束縛。現在我要實現我的天命。

Florence Scovel Shinn

Florence Scovel Shinn